U0905291

珍藏本
纪念版

汉译世界学术名著丛书

论隐秘的上帝

〔德〕库萨的尼古拉 著

李秋零 译

商務印書館
The Commercial Press
SINCE 1897

2017 年 · 北京

汉译世界学术名著丛书
（120 年纪念版·珍藏本）
出 版 说 明

2017 年 2 月 11 日，商务印书馆迎来 120 岁的生日。120 年前，商务印书馆前贤怀揣文化救国的理想，抱持“昌明教育，开启民智”的使命，立足本土，放眼寰宇，以出版为津梁，沟通中西，为中国、为世界提供最富智慧的思想文化成果。无论世事白云苍狗，潮流左右激荡，甚至战火硝烟弥漫，始终践行学术报国之志，无改初心。

迻译世界各国学术名著，即其一端。早在 20 世纪初年便出版《原富》《天演论》等影响至今的代表性著作，1950 年代后更致力于外国哲学和社会科学经典的译介，及至 1980 年代，辑为“汉译世界学术名著丛书”，汇涓为流，蔚为大观。丛书自 1981 年开始出版，历时三十余年，迄今已推出七百种，是我国现代出版史上规模最大、最为重要的学术翻译工程。

丛书所选之书，立场观点不囿于一派，学科领域不限于一门，皆为文明开启以来，各时代、各国家、各民族的思想与文化精粹，代表着人类已经到达过的精神境界。丛书系统译介世界学术经典，引领时代思想，为本土原创学术的发展提供丰富的文化滋养，为推动中国现代学术和现代化进程做出了突出的贡献。

为纪念商务印书馆成立 120 周年，我们整体推出“汉译世界学术名著丛书”120 年纪念版的珍藏本，寄望既利于文化积累，又便于研读查考，同时向长期支持丛书出版的译者、编者和读者致以敬意。

两甲子后的今天，商务印书馆又站在了一个新的历史时间节点上。我们不仅要铭记先辈的身影和足迹，更须让我们的步伐充满新的时代精神。这是商务人代代相传的事业，更是与国家和民族的命运始终紧密相连的事业。我们责无旁贷，必须做好我们这代人的传承与创造，让我们的努力和成果不仅凝聚成民族文化的记忆，还能成为后来人可以接续的事业。唯此，才能不负前贤，无愧来者。

商务印书馆编辑部

2017 年 10 月

中译本前言

库萨(Nikolai de Cusa 1401—1464)是中世纪末期的基督神学家、罗马教会的高级神职人员,本名 Nicolaus Chrypffs,因生于摩塞尔的库萨,故通称库萨的尼古拉。在基督神学思想史上,尼古拉占有重要的、独特的位置。

当代神学、哲学思想文献反映出,库萨的思想影响深远,至今仍具现实效力。他的神学思想主要有两大论题:一、关于教会的谐致,重要的论著是《论公教的谐致》(*De concordantia catholica*),库萨提出"有差异的谐致"这一论点,对解决教会分歧有决定性意义,其中包含的宽容原则对启蒙思想有重要影响;二、关于上帝的神秘思想,即人以何种方式思想上帝才与上帝的自性相适宜。主要著作有《论有学识的无知》(*De docta ignorantia*,商务印书馆1988 年出版了译自英文的中译本)和收入本书的四篇论文。本书中的四文堪称基督教神学思想史上关于上帝之隐秘性的经典文献之一。"隐秘的上帝"(ēl mistattér)的观念出自旧约全书(参赛四十五 15),是基督教思想的思考主题,迄今不衰。上帝之在既是隐匿的,人何以能见之? 在"上帝的儿子身上我看到了父亲",尼古拉以其独特的语文思想来阐发这一信仰表达。尼古拉的神秘论加强了"隐秘的上帝"(Deus absconditus)与"启显的上帝"(Deus revelatus)之辩证论这一传统思想中的张力,它不仅是基督神秘神学(或否定神学)的重要代表之一,亦是基督思想史上的一个里程碑。

尼古拉学识渊博,早年就读于科隆(Köln)、海德堡(Heideberg)和帕杜那(Padna)等大学,研习法学、哲学、修辞学、数学、物理学、天文学、音乐学等,廿二岁时以有关教会法的论文获博士学位。毕业后曾从事法律事务,因承理诉讼失败,转而专奉教会事工和著述。他的学术撰述不限于教会问题和神学问题,在哲学方面的探究亦为突出,对近代经验知识学和思辨哲学的形成有直接促动。尼古拉亦是语文大师,不仅尝试新文体和著作体裁,而且善于化用语词特性来表达思想,如 li non aliud(非他)、posse ipsum(能够自身),丰富了基督神学思想的语文经验。

本书所收四篇论文,由李秋零博士据《尼古拉著作集》拉丁文版(Nikolaus von Kues: *Werke*, *Neuausgabe des Strassburger Drucks von* 1488)并参 E. Bohnenstädt 之德译本 *Drei Schriften vom verborgenen Gott* (Hamburg 1967)、*Von Gottes Schau* (Leipzig 1944)译出。关于尼古拉之生平和神秘神学思想,可参看李秋零博士的《上帝・宇宙・人》(北京 1992)。

刘小枫

一九九四年四月香港道风山

目　　录

论隐秘的上帝

一位异教徒与一位基督徒的对话

异教徒:我看到你极其虔诚地匍匐在那里,流淌着充满爱意的眼泪,这眼泪的确不是矫揉造作,而是发自内心的。请问你是什么人?

基督徒:我是一个基督徒。

异教徒:你在敬拜什么?

基督徒:上帝。

异教徒:你所敬拜的上帝是谁?

基督徒:我不认识他。

异教徒:你怎么会如此认真地敬拜你并不认识的呢?

基督徒:正因为我不认识,所以我才敬拜。

异教徒:怪哉,我竟然看到一个人醉心于他并不认识的。

基督徒:一个人要是醉心于他自认为已经知道的,岂不更奇怪。

异教徒:为什么?

基督徒:因为,对于他自认为知道的,他所知道的要比对于他知道自己并不认识的,知道的更少。

异教徒:请你解释一下。

基督徒:既然没有任何东西能够被知道,所以,无论什么人认为自己知道某个东西,我都觉得他是狂妄自大。

异教徒:我觉得,你说没有任何东西能够被知道,完全没有理由。

基督徒:我把“知”理解为把握真理。谁说自己知道,也就是在说,自己把握了真理。

异教徒:我也相信这一点。

基督徒:但是,除了通过真理自身之外,真理怎么可能被把握呢?如果先有一个把握者,然后才有一个被把握者,真理就没有被把握。

异教徒:我不明白,为什么真理只能通过它自身而被把握。

基督徒:你认为真理可以用别的方式、在某种别的东西中被把握吗?

异教徒:是的。

基督徒:你显然错了。因为,在真理之外就没有真理,在圆的性质之外就没有圆,在人的性质之外就没有人。所以,既不能用别的方式,也不能在别的东西中、在真理之外发现真理。

异教徒:那么,我以什么方式认识什么是人、什么是石头,以及我所知道的其他个别事物呢?

基督徒:你并不知道这些事物中的任何一个,而只是自认为知道。因为,假如我问起你自认为知道的这些事物的本质,你就会承认,自己并不能够表述出人或者石头的真理本身。但是,你知道人不是石头。不过,这并不是出自你借以知道人、石头及其区别的知识,而是出自偶性,出自在你进行区分时被你赋予不同名称的行动和形象的差异。实际上,是作出区分的知性中的运动赋予它们这些名称的。

异教徒:只有一个真理,还是有好几个真理?

基督徒:只有一个真理。因为,只有一个一元(unitas)。而如果只有一个一元这种说法是真实的,真理也就与一元是吻合的。所以,就像在数字中只能发现一个一元那样,在众多事物中也只能发现一个真理。因此，没有达到一元的人，也就总是不认识数字；而没有在一元中达到真理的人，也就不能真实地知道任何东西。即使他自认为真实地知道，他也很容易就会经验到，他自认为真实地知道的东西还可以被更真实地知道。因为，可见的东西就可以比你所看见的样子更真实地被看见，当然，是被更敏锐的眼光更真实地看见。因此，你所看见的东西，并不是它在真理中可见的样子。对于听觉和其他感觉来说亦是如此。但是，由于凡是被知道的事物都不是以它能够被知道的那种知识、不是在真理中被知道的，而是以另一种样子、以另一种方式被知道的（以另一种样子或者以另一种不同于真理自身的方式，真理就不能够被知道），所以，那种自认为在真理中知道某个事物，但却不认识真理的人，也就是狂妄自大的。难道那尽管不认识颜色，却自认为知道各种颜色的区别的盲人，不应该被看作狂妄自大的吗？

异教徒：倘若没有任何东西能够被知道，那么，究竟什么人才是一个有知识的人呢？

基督徒：只有知道自己无知的人，才可以被看作有知识的人；只有知道自己离开真理就不能把握任何东西，既不能把握存在，也不能把握生命、不能把握领悟的人，才尊重真理。

异教徒：也许这就是导致你所敬拜的，即渴望存在于真理之中。

基督徒：正是你说的。因为，我崇拜上帝，但不是你们异教错误地自认为知道并且称道的上帝，而是上帝自身，他是不可言说的真理。

异教徒:兄弟,既然你崇拜那本身就是真理的上帝,而我们也并不打算崇拜一个并非在真理之中的上帝,那么请问,在你们和我们之间还有什么区别?

基督徒:区别很多,但最大的区别在于:我们崇拜的是绝对的、纯粹的、永恒的、不可言说的真理自身,而你们固然也崇拜真理,但却不是在自身之中的绝对真理,而是在其作品之中的真理;不是绝对的一元,而是在数字和众多之中的一元。你们之所以误入歧途,乃是因为,本身就是真理的上帝不能被转述给他人。

异教徒:兄弟,请你开导我,使我能够领悟关于你的上帝及你所说的。请你回答我的问题:关于你所敬拜的上帝,你究竟知道些什么?

基督徒:我知道,凡是我所知道的都不是上帝,凡是我概括的都不与上帝相似,毋宁说上帝超越了这些东西。

异教徒:那么,上帝就是无了。

基督徒:上帝不是无,因为无本身还有“无”这个名称。

异教徒:如果上帝不是无,那他就是某个事物了。

基督徒:他也不是某个事物,因为,某个事物并不是每个事物,而上帝是某个事物并不胜过他是每个事物。

异教徒:怪哉。你竟然断言自己所敬拜的上帝既不是无也不是某个事物,没有任何知性能够把握这个上帝。

基督徒:上帝超越了无和某个事物,因为,无顺从上帝而成为某个事物。这也就是上帝的全能,借助这种全能他超越了任何存在的或者不存在的事物,以致不存在的事物和存在的事物都同样地顺从他。他使不存在转化为存在，使存在转化为不存在。因此，他不是那些隶从于他、以他的全能为前导的事物中的任何一个。由于一切事物都来自于他，所以既不能说他是这个事物，也不能说他是那个事物。

异教徒：上帝可以被称道吗？

基督徒：凡是被称道的事物，都是渺小的。没有人能够把握上帝之大，他始终是不可言说的。

异教徒：那么，上帝就是不可言说的了？

基督徒：上帝也不是不可言说的。毋宁说，他在一切事物之上而是可言说的。因为，他是一切可称道的事物的根据。因此，赋予其他事物以名称的上帝，自身怎么会没有名称呢？

异教徒：那么，上帝就是既可言说又不可言说的了。

基督徒：这样说也不对。因为，上帝并不是矛盾的根源，而是先于任何根源的单纯性自身。因此，也不可以说，他是既可言说又不可言说的。

异教徒：关于上帝，你究竟想说些什么呢？

基督徒：上帝既非被称道，亦非不被称道，亦非既被称道又不被称道。由于他那超凡的无限性，凡是能够以选言的和联言的方式借助赞同或者反对说出来的东西，都不适用于他。他是唯一的本原，先于任何关于他所能形成的思想。

异教徒：那么，存在也不适用于上帝吗？

基督徒：你说对了。

异教徒：那么，上帝就是无。

基督徒：上帝既不是无，不是不存在，也不是既存在又不存在，而是存在与不存在的一切本原的源泉和起源。

异教徒:上帝就是存在与不存在的本原的源泉?

基督徒:不是。

异教徒:你刚刚才这样说过。

基督徒:刚才我这样说时,我说的是对的;现在我予以否认,说的也是对的。因为,即使有存在和不存在的某些本原,上帝也先行于它们。但是,不存在并没有一个不存在的本原,而是有一个存在的本原。因为,不存在为了存在而需要一个本原。所以,有一个不存在的本原,因为,没有这一本原,就没有不存在自身。

异教徒:上帝也不是真理?

基督徒:上帝不是真理,而是先于任何真理。

异教徒:他是某种不同于真理的东西?

基督徒:不是,因为“不同”不能适用于上帝。毋宁说,上帝无限地超越于任何被我们理解和称道为真理的东西之先。

异教徒:你们不是也称上帝为“上帝”吗?

基督徒:是这样的。

异教徒:那么,你们说的是对的还是错的?

基督徒:既不是二者中的任何一个,也不是二者兼而有之。因为,当我们说这就是他的名称时,说的并不对,但说的也不错。因为,说这就是他的名称,也并没有说错。我们说的也不是既对又错,因为,它的单纯性超越于一切可称道的和不可称道的事物之先。

异教徒:你们既然不知道他的名称,为什么还要称他为上帝呢?

基督徒:这乃是出自他的完善性的比喻。

异教徒:请你解释一下。

基督徒:说他是上帝(Deus),乃是出自 theoro 这个词,即我在观看。因为,上帝在我们的领域里就像视觉在颜色的领域里。颜色唯有借助于视觉才能够被发现,为了毫无阻碍地发现颜色,视觉的中心是没有颜色的。所以,在颜色的领域里找不到视觉,因为视觉没有颜色。就颜色的领域而言,视觉与其说是某物,倒毋宁说是无,因为,颜色的领域在自己的领域之外就不能发现存在,它只是断言,凡是存在的东西都存在于自己的领域之内,而在这里却找不到视觉。因此,没有颜色而存在的视觉在颜色的领域内是不可称道的,因为任何颜色的名称都不适用于它。但是,视觉却借助区分而赋予每一种颜色以名称。所以,在颜色的领域内,任何称道都取决于视觉。不过我们却发现,每一个名称所由以产生的那个事物的名称,与其说是某物,倒不如说是无。因此,上帝与一切事物的关系,就像视觉与可见的事物的关系一样。

异教徒:我没满意你所说的。我清晰地体会到,在所有造物的领域里既找不到上帝,也找不到他的名称。与其说上帝是某个事物,倒不如说他摆脱了任何概念。因为,在造物的领域里,找不到这个没有造物的有限性的上帝。在复合物的领域里也找不到非复合物。所有被称道的名称都是复合物的名称。复合物不是产生自身,而是产生自那先于任何复合物的事物。即使复合物的领域和所有的复合物都由于其自身而是其所是的东西，那个事物也由于不是复合物，因而也不能在复合物的领域里被认识到。因此，那在这个世界的所有智者的眼睛看来都是隐秘的上帝，也就永恒地被称颂。

论寻觅上帝

以基督的名义极可尊敬的兄弟，我要尽我所能地满足你的愿望。我将力求简明扼要地以书面形式，重述我在主显节就上帝的名的意义尽力向民众解释的东西。愿我们两人的沉思都能够受到启迪，愿内在的人从逐渐地由光到光的理性升华中得到转变，直到借助荣耀的光达到清晰的认识，进入主的愉悦。

一

亲爱的兄弟，首先你肯定知道，当保罗在亚略巴古向那些雅典最著名的哲学研究的专家们宣讲真理时，他声称自己曾神游象外，一直达到第三层天，在那里静观深奥的秘密。在进入主题之前，他首先说明，异教徒们在这里给那不为人知的上帝建立了一个祭坛，而他给这些人带来的却是上帝的福音。当他开始对此作出解释时，他先讲道，上帝如何在一个人身上创造出所有的人，并赐给他们在这个世界上的一定生存时间，以便他们假使能够接近和发现上帝的话，就去寻觅上帝。他还说道，无论如何，上帝离每一个人都不远，因为，我们就存在于、生存于、运动于上帝之中。在此之后，他批驳了偶像崇拜，并且补充说，在人的思想中没有任何东西能够与上帝类同。

每当我读使徒行传时，总是对这一思想过程感到钦佩不已。当然，保罗是想向哲学家们显示那不为人知的上帝。他在此之后断定，人的任何理性都不能把握上帝。因此，上帝之显示出来，乃是因为人们知道，任何理性都不足以构造上帝的形象和概念。不过，他却称上帝为 Deus，或者按希腊文称上帝为 theos。

因此，既然人来到这个世界上乃是为了寻觅上帝，在找到上帝后皈依上帝，并在这种依持中得到安宁，假如人并不能在这个感性的和形体的世界上寻觅和触及上帝，因为，上帝与其说是形体倒不如说是精神，并且人也不能在理性的抽象中接近上帝，因为，人并不能像自己所说的那样去概括任何与上帝类同的东西，那么，人怎么能够去寻觅上帝以求找到他呢？毫无疑问，如果不是这个世界能够有助于寻觅者，那么，人被遣派到这个世界上来寻觅上帝就毫无意义。因此，这个世界必然要为寻觅者提供帮助，而寻觅者也必须知道，无论是在这个世界上还是在人所概括出的任何东西中，都没有与上帝类同的东西。

现在我们要看一看，theos 或者 deus 这个名称是否能够给我们提供帮助。实际上，theos 这个名称本身并不是上帝的名称，上帝超越了任何概念。不能被概括的东西也就是不可言说的。言说就是借助有声的或者其他有形的符号把一个内在的概念说出来。因此，倘若不概括出一个事物的类同性，也就不知道它的名称。所以，theos 是上帝的名称，也仅仅是就上帝乃由人在这个世界上所寻觅者而言的。上帝的寻觅者应当注意思考，在 theos 这个名称中，包含着某种寻觅的途径。人们沿着这一途径找到上帝，接近上帝。theos 来自 theoro，即我在观看和我在奔跑。寻觅者必须借助视觉来奔跑，以求能够接近那观看一切事物的上帝。因此，观看与寻觅者向前行进所必须遵循的途径有相似之处。所以，我们必须把感性观看的本性展示在理性观看的眼前，并用它来构建一个上开的阶梯。

我们的视觉之产生，乃是由于一种发光的、清晰的精神自大脑的顶端下降到眼睛这个器官，并且借助外部的光在眼睛中复制和汇聚有颜色的对象的类同性的影像。因此，在可见物的领域里所看到的无非是颜色罢了。但是，视觉并不产生自可见物的领域，而是置身于一切可见的事物之上。因此，视觉并没有颜色，因为，它并不来自颜色的领域。为了能够观看每一种颜色，它也就不能被限定为任何一种颜色，以便它的判断是正确的和自由的。它与一种颜色的关系也不能胜过与另一种颜色的关系。要使它的潜能遍及所有的颜色，它就不能被任何颜色所限定。要使视觉的观看是正确的，它就不能与诸般颜色混杂。

我们可以借助实验来证实，视觉会被有颜色的中介物所蒙骗，例如玻璃、透明的石头，或其他中介物。因此视觉是如此纯洁，不具有任何可见物的污斑，以至于一切可见物与它相比都是某种幽暗，与视觉精神相比都是某种有形体的密度。

但是，当我们借助理性去直观可见物的世界，并且追问在这个世界上是否可以发现对视觉的认识时，就会发现这整个颜色的世界都不认识视觉，因为，这个世界不能达到非颜色的东西。如果我们解释说，视觉存在，但它并不是有颜色的东西，那么，当可见物的世界要对此形成一个类同性的形象时，却在它的任何概念中都找不到与视觉类同的东西，因为，它的概念不可能是没有颜色的。如果它在自己的领域范围内既找不到视觉，也找不到与视觉类同的东西和与视觉同形的东西，它就不能达到视觉，更不能认识到视觉是某种东西。因为，在颜色之外它达不到任何东西，而是断言任何非颜色的事物都不是某种东西。

因此，在这个领域中可以称道的一切名称，没有一个适用于视觉。无论是白的名称，还是黑的名称，还是所有混杂的颜色的名称，都不适用于视觉。因为，视觉既不是白与非白的结合，也不是黑与非黑的结合。因此，无论它是个别地、以选言的方式列举出该领域的所有名称，还是以联言的方式列举出各种截然相反的颜色名称，还是考察所有可称道的名称的结合，都达不到任何关于视觉的名称和本质的东西。

假如有人说，颜色并不是由自身，而是由一个更高的原因，例如视觉，来区分和认识的；他询问所有可见的事物，这是否是正确的，以及它们如何把握那个原因；这些可见的事物就会回答他说：那个赋予它们名称的更高的东西，在这里也就是视觉，依照所有能够被把握的东西而言，也就是最好和最美的东西。假如它们打算形成一个关于那个最好和最美的东西的概念，就要返回到颜色。离开颜色，它们就不能形成任何概念。于是它们就会说，那个最好和最美的东西比任何一种白的颜色都更美，因为，在颜色的领域里，白色并不是美得不能更美，也不是鲜亮耀眼得不能再鲜亮。这样，所有可见的事物都不会承认自己领域内的、现实地处于这个领域的可见事物中间的某种颜色为它们的国王，相反，它们会说，国王应是最鲜亮、最完善的颜色可能达到的美的极致。

兄弟，你将认识到这样的说法和更多类似的说法都是最真实的。因此，请你由视觉出发，以相同的方式上升到听觉，再上升到味觉、嗅觉和触觉，最后再上升到统觉。统觉置身于所有的感觉之上，就像听觉置身于可听的事物之上，味觉置身于可品尝的事物之上，嗅觉置身于可嗅的事物之上，触觉置身于可触摸的事物之上一样。

然后，请你继续上升到理性。理性置身于一切理性的事物之上，而后者又置身于一切知性的事物之上。知性的事物虽然可以借助理性来把握，但在知性事物的领域里却找不到理性。因为，理性与知性事物的关系就像眼睛与颜色的关系一样。如果你愿意，请继续延展你的考察。这样，你就能够清楚地认识到，理性仿佛就是一种自由的视觉，是一切知性知识的真实的和单纯的法官。在理性中，没有与知性观念的任何混杂。因此，理性对知性知识的判断在知性领域的繁多性中是清晰的、明确的。理性裁定这一种知性知识是必然的，另一种则是可能的，这一种是巧合的，另一种则是不可能的，这一种是有根据的，另一种则是狡辩的、似是而非的，那一种又是论证得当的，等等。这就像视觉裁定这一种颜色是白的，另一种则不是白的而是黑的，那一种又比黑的更白些，等等一样。

在整个知性领域内都达不到理性。但是，当知性的世界或者整体要把理性描绘成自己的国王、上司和法官时，就会说理性是知性的界限和完善化的极致。但是，就连理性本性也不能否认在它之上还有一个国王。就像可见的本性承认高居于它们之上的国王就是一切可见的完善化的极致一样，理性的、直观真理的本性也断言它们的国王就是对一切事物的直观的一切完善化的极致，并称它为 theos 或者 deus，就如同它是那对一切事物的观看的完善化的极致而言，称它为静观或者直观一样。

尽管如此，在理性力量的整个领域内还是找不到任何东西与那个国王类同，在整个理性领域内也没有一个概念把握住了他的类同性。他置身于任何被概括和被领悟的东西之上，他的名称也是不可领悟的，虽然他的名称称道和区分了一切可领悟的事物。他的本性在崇高、单纯、力量、潜能、美、善等方面无限地超越了一切理性的智慧，因为理性本性所包含的一切与他相比都是幽暗和无能、粗糙和不智。用类似的方式可以无限地推论下去。

因此，你何以沿着这条路一直走下去，在所有的视觉、听觉、味觉、触觉、嗅觉、言说、感性、知性和理性之上找到上帝。但是，虽然那被发现的并不是这些东西中的任何一个，却在这一切之上是众神之神，是一切国王的国王。理性世界的国王就是众王之王，是宇宙中的主人们的主人。也就是说，他是理性本性的国王，理性本性又对知性本性拥有统治权，知性本性又统治着感性本性，感性本性又统治着感性事物的世界。视觉、听觉、味觉、触觉、嗅觉都作为国王居于这个世界之上。所有这些国王都是进行区分、静观或者沉思，直到抵达那众王之王和众统治者的主人，而后者自身就是静观，就是 theos 或者上帝。所有的国王都在他的权势之下，所有的国王都从他那里得到自己所拥有的东西：统治权、美、存在、魅力、愉悦、生命以及一切善的东西。

因此，在那最高贵、最强大的国王的王国中，可见形式的任何诱惑力：颜色的丰富多彩、美妙的对称性、宝石的光彩夺目、草地的翠绿、金子的辉煌，以及任何一种使视觉赞赏不已、使视觉在其中就像是在王国的宝库中那样流连忘返的东西，在这位强大的国王的宫廷中都被看得一钱不值，它们不过是宫廷中最低贱的脚垫。

同样，听觉王国中的一切声音的一致回响和美妙的和谐，所有乐器无法形容的交互争鸣，金制的管风琴的旋律，海妖塞壬和夜莺的歌声，以及听觉王国的国王的一切精选的财富，在那众多国王的最强大、最高贵国王的宫廷中，仿佛就是弃之于地上的垃圾。同样，伊甸园里的苹果、滋味鲜美的果实、恩迦地的葡萄、塞浦路斯的葡萄酒，雅典的蜂蜜、粮食、橄榄油，以及印度和全世界、森林和水为休养生息所提供、为美食所奉献的一切，其美味在这位世界上最强大的统治者的宫殿中都不值一提。香料、乳香、没药、麝香以及嗅觉王国所拥有的任何一种香气扑鼻的东西的香味，在那位最高贵的国王的宏伟宫殿中，都不会被看作是什么珍贵之物。靠其柔软光滑来取悦触觉的东西就更不用说了，尽管触觉的国王显然也拥有幅员辽阔的王国，但与宇宙的统治者的王国相比，只能勉强说是一个几乎无法察觉的点。

统治着以上所说的众国王的这位国王似乎很强大，那些国王都是他的封臣。他就是统觉，在他的统治中包容着上面提到的每一种力量。但是，在那观看一切、包罗一切的国王的王国中，他只不过是买来的奴隶和最低等的仆人。

理性的本性以其不可比拟的崇高获得了自己的超越于上面所说的一切王国的王国。前面所描述的一切王国都依赖于理性的力量，理性统治着它们，高居于它们之上。

但是，理性本性的众国王却是出身自一个最伟大的统帅的世家，他们很乐意被编入这位统帅的军队。他们的愿望无非就是能够在统治者的宫殿中谋得一个职位，在那里他们将借助理性直观从这位被称作 theos 的统治者处获得生机。凡是属于前面所说的任何一个王国的东西,他们都毫不动心,因为与他们在自己的统治者那里认识到的财富相比,那些东西都毫无价值。在这位统治者那里,一切都是充实的、自身神圣的、极好的、而这些东西在其他国王那里不仅是不完善的、外在于自身的、处于阴影或者影像之中的,而且还可以发现一种既不可比较也没有比例关系的限定的差距。

因此,在可见物的王国中被视觉所感知的颜色并不能观看,它仅仅是可见的罢了。它既不具有生命和生命的运动,也不具备完善化,而植物幼芽的生长或者那些恒久的形式就具备这些东西。但是,处于统觉的王国之中的各种感觉,即那些个别的感觉,却具备一种本性,这种本性能够在自身中以感觉精神的活力和认识来展开感性世界的形态。因此,众感觉的王国所包含的东西并不亚于感性事物的王国所包含的东西。

但是,凡在感性事物的王国中被展开的东西,都以一种更充满活力的方式被包容在感觉的王国中,并且以一种更完善的方式栩栩如生。因为,感性事物的王国就歇息在各种感觉之中。同样,凡属于感觉的王国的东西,也以更清晰、更完善得多的方式处于这样一个王国中,在这一王国中,它们是以理性的方式存在的。在理性王国的理性存在中,颜色获得了一种纯洁无瑕的本性,借助于其完善性而与感性世界的颜色区别开来,就像永恒的事物与会朽坏的事物、理性的生命与死、光与幽暗区别开来一样。

但是,在全能者的王国中,王国就是国王;在所有的王国之中的一切,就是国王自身;颜色既不是感性的也不是理性的,而是神圣的,甚至就是上帝自身;在感性世界中缺乏运动和生命的一切,拥有一种植物的、感性的、知性的、理性的生命的一切，都是神圣的生命自身，而这种神圣的生命也就是唯有上帝才拥有的不朽性，在其中一切都是上帝自身。在这个王国中，对所有借助眼睛、耳朵、味觉、触觉、嗅觉、感性、生命、运动、知性和理性获得的乐趣所感到的愉悦，都是无限的、神圣的、无法表述的愉悦，因为，上帝自身就是 theos，即静观和奔跑；他观看一切事物，存在于一切事物之中，奔跑过一切事物。一切事物都注视着他，就像注视着自己的国王。一切事物都按照他的指令运动和奔跑，而每一种朝向歇息的目标的奔跑都是朝向他的奔跑。因此，每一个事物都是 theos，theos 就是事物从中流溢而出的本原、是我们在其中运动的中心，是事物流回的目标。

我的兄弟，请你努力沿着这条路以最认真的静观去寻觅上帝。因为只要以正确的方法去寻觅，就不可能找不到那无处不在的上帝。而只要我们的目的在于使根据他的名称而对他作出的赞颂一直达到我们的尘世本性的能力的极限，也就是在以正确的方式并根据他的名称来寻觅他。

二

不过，我们现在要转向问题的第二个部分了。我们要看一看，我们是以什么方式被引导到所谓的静观的逐级上升的，因为，我们不能向着完全不可知的东西运动。为了研究这种情况，我们先对视觉考察一番。

首先，我们被引导到这样一点：要使视觉分别地捕捉可见的事物，须有双重的光汇集在一起。因为，赋予各种颜色以名称的，并不是视觉精神，而是活动于视觉之中的视觉的始因的精神。通过视神经从大脑下降到眼睛之中的精神，受到对象的影像的迎面撞击，从而产生了无序的感觉。生命的力量对这种感觉感到惊奇，力图对它作出区分。因此，作出这种区分的并不是眼睛中的精神，而是一种更高的精神在眼睛中作出了这种区分。这一点我们可以在自己身上借助日常的经验证明为真。我们经常没有发现从自己身边走过的人，虽然他们的形貌已经复制在我们的眼睛之中了。因为我们正在注意其他的事物，没有留神他们。当许多人跟我们说话时，我们也只能将自己的注意力集中在那个人所说的话。

这就向我们证实了，在感官之中的精神是借助一种更高的光，即知性之光，来实施它的活动。因此，当眼睛说这是红的、那是蓝的时，说话的并不是眼睛，而是眼睛的始因的精神在眼睛中说话，而这也就是眼睛所归属的那个生命的精神。

但是，即使具备了想观看的人的注意力，颜色也并不因此就是可见的。为此，必须还有照亮可见物的另一种光使它成为可见的。在阴影中，在暗处，可见的东西并不适宜于被观看。它的这种适宜性是通过照亮它的光产生的。所以，可见的东西只是在光照下才适宜于被观看，因为，它并不能自己进入眼睛。出自这一理由，可见的东西必须被照亮，因为，光具有那种自己进入眼睛的本性。因此，当可见的东西处在有力量自己进入眼睛的光照耀之下时，它也就能够进入眼睛了。但是，颜色在光中并不是在一个他物中，而是在它自己的本原中，因为，颜色无非就是先在一个透明物中的界限。就像我们在彩虹中看到的那样，根据阳光在云雾中这样地或者那样地被限制，就产生了这样的或者那样的颜色。

显然，颜色在其本原中，即在光中，之所以是可见的，乃是因为外在的光与视觉精神在其明亮方面结合起来了。照亮了可见之物的那种光附加在一种同样的光上，给视觉指明了眼前的颜色的影像。

兄弟，你应该为自己设定一条寻觅的道路，沿着它你就可以探讨那不为人知的上帝如何超越了我们向他运动所借助的一切。即使你已经清楚地确定，是生命的精神在眼睛中作出区分的，是光使可见的东西适宜于被观看的，但是，视觉却既把握不到精神自身，也把握不到光。光并不属于颜色的领域，因为光并没有颜色。所以，在眼睛居统治地位的整个领域里都找不到光。光对于眼睛来说是未知的，但对于视觉来说又是受欢迎的。

因此，就像进行区分的知性在眼睛中区分开可见的事物一样，理性的精神在知性中有所领悟，是因上帝的精神照亮了理性。不过，在眼睛、耳朵、舌头、鼻子以及触觉发生于其中的神经里作出区分的光是同一种光。它在不同的器官中以不同的方式被接收，以便根据各种器官的差异以不同的方式区分属于感性世界的事物。光本身是各种感觉的本原、中心和目的，因为，各种感觉无非是为了区分感性的事物，它们既只能产生自那种精神，也只能在那种精神中运动。甚至所有的感觉都生存于那种精神之中。视觉的生命就是观看，听觉的生命就是听。这种生命越是完善，也就越与众不同。更完善地区分可见之物的视觉，自身也更完善。同样的道理也适用于听觉。

因此，生命和完善、愉悦和宁静，以及所有感觉所期冀的一切，都存在于进行区分的精神当中。从这精神中，各种感觉得到了自己所拥有的一切。即使在这些器官丧失能力、生命在这些器官中就其活动而言有所减弱的情况下，生命在进行区分的精神中也没有减弱。当疾病或者衰退消失后，这些器官就可以从精神中重新获得同样的生命。

至于理性，你可以用这种方式得出同样的结论。理性是进行区分的知性的光。从理性出发，你可以上升到上帝，上帝就是理性的光。当你通过在视觉中获悉的东西继续前进时，你就会体验到，我们的永受赞颂的上帝就是存在于任何一个存在物之中的一切，就像那进行区分的光在感觉中，理性的光在知性中一样；他就是那被造之物从中获得其所是、获得生命和运动的东西；我们的每一种认识都处在他的光照之下，以致不像是我们自己在认识，而毋宁说是上帝在我们里面认识；当我们上升到要认识上帝时，由于上帝对我们来说是未知的，我们也无非是在上帝那进入到我们的精神之中的光里面运动，以致我们是在上帝的光照下接近上帝的。因此，如同存在取决于上帝一样，被认识也取决于上帝。颜色的存在如何取决于有形体的光，如同我们上面所说的那样，对颜色的认识也就如何取决于这同一种光。

我们必须注意到，神奇的上帝在他的作品中也创造了光，这光由于其单纯性而胜过了其他有形体的事物，以致它就是精神本性和有形体本性的中介物，通过它，这个形体世界仿佛是借助它的单纯性而上升到精神世界。它把形象移置入视觉，从而使感性世界的形式上升到知性和理性，并通过理性在上帝里面达到自己的目的。于是，世界也就进入了它的存在，以致这个形体世界乃是通过分有光而是其所是。就像我们在各种元素中逐级地了解到的那样,有形体的事物在有形体的物类中分有光越多,就被认为是越完善。同样,一个具有生命精神的被造物分有生命的光越多,就越完善。一个具有理性生命的被造物分有理性的光的生命越多,就越完善。

但是,上帝是不能被分有的。他是无限的光,闪耀在一切事物之中,就像进行区分的光闪耀在各种感觉之中一样。不过,这个不可分有、不可混杂的光的各种不同的界限显示出各种不同的被造物,就像有形体的光在透明物中的各种不同的界限显示出各种不同的颜色一样,虽然光自身依然是不可混杂的。

三

兄弟,我并不怀疑你能够从这些东西出发清楚明白地继续前进,以便把握以下的内容:就像颜色只有以光为中介才是可见的一样,也可以这样说,就像颜色只有在它的本原的光中才能达到自己的安宁和目的一样,我们的理性本性也只有在它的理性本原的光中才能达到自己的安宁的幸福。就像视觉不能作出区分,而是精神在它里面作出区分一样,在我们那依照其适宜于让自己的本原的神圣的光进入自身的性能而被这光照亮的理性本性中,也不是我们自己在领悟或者通过自身而过着一种理性的生活,而是上帝在我们里面过着一种无限的生活。这就是那种永恒的幸福,在这种幸福中,那以无法表述的愉悦超越了有生命的被造物之任何概念的永恒的理性生命,就以最严格的统一性活跃于我们之中,就像进行区分的知性活跃于我们的各种最完善的感觉之中，理性活跃于最清晰的知性之中一样。

现在我们已经很清楚，通过上帝恩典的光之运动，我们被引向上帝。上帝不会以其他方式被把握，除非他启示自己。上帝愿意被寻觅，他也愿意赐给寻觅者们以光；没有这光，寻觅者们就不能寻觅他。他愿意被寻觅，也愿意被把握，因为他愿意向寻觅者们显示和启示自己。人们是怀着把握他的希冀寻觅他的，只有当人们怀着极大的希冀寻觅他时，人们才是在静观中，沿着把奔跑者引向运动的安宁的那个跑道去寻觅他。因此，唯有怀着极大的希冀来寻觅他，才是达到智慧的唯一正确的道路。如果这样来寻觅他，也就是在沿着正确的道路寻觅他，在这条道路上也无疑能够通过他的自我启示找到他。给予我们的道路也仅仅是这一条。在那些达到了智慧的圣徒们的学说中，也没有给我们留下任何别的道路。

因此，那些骄傲自大的人、那些刚愎自用的人、那些自以为是智者的人、那些信赖自己天赋的人、那些自吹自擂觉得自己与最高存在相似的人、那些要求自己拥有对众神的认识的人都错了，因为，这些人堵死了自己通向智慧的道路，他们认为通向真理的道路无非就是他们用自己的理性所测出的道路，在自吹自擂中偏离了正确的道路；他们拥抱着知识之树，却没有把握住生命之树。因此，那些不敬上帝的哲学家的结局不可能是别的，只能是在自吹自擂中走向毁灭。

但是，那些认为如果没有上帝的恩赐就不能达到智慧和永恒的理性生命的人，那些认为全能的上帝的能力如此之大，以致他能听到那些呼唤他的名字的人并使他们幸福的人，都是谦虚恭顺的。

他们承认自己无知，把自己的生命确定为追求永恒智慧的生命。这是有德之人的生命，他们在对由圣徒们所推荐的另一种生命的追求中不断地向前行进。

那些圣洁的先知们，和那些在上面所说的生命中得到了神圣的光的恩典之人们所教导的，无非是要想达到理性的生命和神圣的不朽的智慧，首先就必须相信上帝存在，相信上帝是一切最美好的东西的赐予者，人们必须在对上帝的敬畏中生活，在对上帝的爱中继续向前行进，以完全的恭顺从上帝那里获得不朽的生命，以最大的虔诚和最真诚的敬拜来接受属于自己想要获得的这种生命的一切。

兄弟，你现在已经看到，既不是某种德性，也不是对上帝的敬拜，也不是法律，也不是教义，使我们得以称义，使我们有资格获得那最高的赐予。但是，道德的生活、遵守律令、明显的虔诚、克制肉欲、轻视俗世，以及其他诸如此类的东西，却伴随着每一个以正确的方式寻觅神圣的生命和永恒的智慧的人。如果寻觅者没有这些东西，那么很明显，他并没有走上正确的道路，而是还处在正确的道路之外。

表明某人没有走上岔道，而是处在正确道路之中的标志，我们可以从伴随着正确地向前行进的人的所作所为看出。谁以极大的希冀力求把握永恒的智慧，他在自己的爱中就不会把任何东西置于永恒的智慧前面；他唯恐会冒犯永恒的智慧，断言与它相比，一切东西都是虚无，并且确实把它们看作虚无，还鄙视它们。他的全部努力都旨在使自己热爱的智慧感到满意，并且他知道，如果自己留恋于其他短暂的世俗智慧或者感官享受，就不能使它感到满意。

因此，他抛弃一切，充满爱意地轻装疾进。就像鹿向往水源一样，这样的灵魂也向往上帝。所以，我们并不是通过自己所作出的业绩而配享那恩典的无可比拟的宝库的，而是上帝爱那些爱他的人，因为上帝就是慈和爱，他把自己赐给那种灵魂，以便使它永恒地享受这最高的善。

兄弟，你现在已经看到，自己是为了什么目的而来到这个世界上的，正如我们在序言中已说过的那样，乃是为了寻觅上帝。你看到，对于寻觅者来说，所谓 theos 也就是能够沿着某条道路寻觅上帝。如果你踏上了这条道路，那么它就是你的路，并且是你所认识的路。在这条路上，你将为它的风景秀丽以及沿途所能采集到的果实之丰富而感到喜悦。因此，只要你尽力勤奋工作，并在静观中向上升华，你就会找到那能使你在路上成长强大起来、日复一日地使你的希冀更加旺盛的牧草。

由于我们的理性精神在自身之中就具有火的力量，上帝遣派它到尘世来不是为了别的，乃是为了让它燃烧起来，成为火焰。当惊异点燃它后，它就会燃烧起来，就像是风助火势，使潜能成为现实。对上帝作品的认识使我们对永恒的智慧感到惊异，具有如此丰富多彩的力量和作用的作品，并创造这种外部的风激励着我们，把我们的希冀升华为对创造者的爱，并达到对那奇迹般地安排一切事物的智慧的直观。

只要我们注意一下那极微不足道的芥种，以理性的眼睛观察它的力量和潜能，我们就会发现那能够引起我们对上帝感到惊异的踪迹。虽然它的体积是如此之小，但它的力量却没有界限。在这颗小小的种子中，包含着枝叶繁茂的庞大茎干和其他许多颗数不胜数的同样具有这种力量的种子。于是，我在理性中看到了这颗芥种的力量，倘若这种力量现实地展开来，那么，这个感性世界就不够用了，十个千个世界也不够用，甚至只要我们数得出来，无论多少个世界也不够用。

当一个反思这种情况的人还想到，人的理性也包含着种子的全部潜能，并且还认识到这是真实无误的，理性就其认识能力而言超过了整个感性世界的全部容量，甚至不仅超过了这一个世界，而且也超过了无限多个世界的全部容量的时候，他怎么会不感到惊异呢？的确，我们的理性力量包容着每一种有形体的和可度量的本性。

在我们的理性中，包含着怎样的伟大啊！因此，既然理性精神那像个点一般的伟大，尚且无限宽广地包容着任何一种可能的感性的和有形体的伟大，主又该是多么伟大啊！主又是多么应该受赞颂啊！他的伟大无限地超过了理性的伟大。正是由于他如此伟大，一切事物与他相比都是虚无在它里面，没有任何东西与他不同。他就是永受赞颂的上帝。此外，你也可以沿着类似的阶梯，从一颗谷种的力量开始，同样也可以从所有植物的、动物的种子的力量开始；任何种子的力量都不亚于芥种的力量，这样的种子有无限多种。噢，我们的上帝是多么伟大啊！他是任何一种潜能的现实，因为它是任何一种潜能的目的，而不仅仅是被限定为芥种、谷种、麦种、我们的祖先亚当或者任何一种别的种子的那种潜能的目的。

但是，由于在所有这些种子中，那不可测度的力量和潜能都是根据其物种受到限度的，因此，那绝对的潜能是不受限定地存在于上帝里面的，而绝对的潜能也就是无限的现实。凡是探索上帝的力量的人，谁不被引入极度的惊异之中呢？谁不被点燃起敬畏和爱慕全能者的极大热情呢？谁又在观察极小的火星的潜能时不超越一切可以言说的东西对上帝感到惊异呢？既然火星的潜能已是如此之大，一旦它成为现实——为此需要铁与火石的撞击运动把它从潜能中引出——在它的潜能中就包含着这样的力量，即把一切事物都融化为它自己的本性，并使潜能中的火，无论它处于这个世界上的什么地方，即使存在着无限多个世界，都转化为现实，那么，我们的上帝的潜能该是多大啊！上帝是吞没一切火的火。兄弟，如果你留意火的本性和各种状态（据说有廿四种，一如神圣事物的那位最高贵的观察者狄奥尼修斯在《论天使的等级》中所描述），你就走上了一条寻觅和发现上帝的神奇的道路。你就在那里观看吧！你将会感到惊异。

四

此外，如果你还要寻觅另一条通向我们的导师的智慧道路，那就请你注意。你将用理性的眼睛认识到，在一小段木头中、在这块极微小的石头中，或者在一块矿石中、在一锭黄金中，或者在一颗芥种中、在一颗谷种中，潜在地包含着一切人工的有形形式；你将不会怀疑，在它们每一个里面，都包含着圆、三角形、四边形、球体、立方体，以及几何学所定名的任何一种形体；同时也包含着一切动物、一切果实、一切花、叶、茎的形式；包含着在这个世界上存在的，以及在无限多的世界上可能存在的一切形式的类同性。

因此，既然一个善于用一小块木头雕刻出某个国王或者王后的面部，或者雕刻出一只蚂蚁或一峰骆驼的人就可以是一个伟大的艺术家，那么，那能够现实地塑造出包含在全部潜能之中的一切事物的，又该拥有多么高的大师技艺呢？因此，在存在于这个世界和可能存在于无限多的世界中的一切形式的类同性中，用随便一小块材料塑造出所有事物的上帝，拥有惊人的技艺。

不过，在此之外那创造出谷种，并把上面所说的那种力量植入谷种的，其潜能和知识就更令人惊异。那种善于在一颗种子中不是就偶然的类同性而言，而是就实质的真理性而言造就出一切可能的形式的智慧，其大师技艺确实值得惊异。超越全部理性之上令人不可言说地惊异的是，它不仅能够从石头中造就出有生命的人，而且还能够从无中造就出人；并不仅仅使那些存在的东西获得存在，而且也能使那些不存在的东西获得存在。由于一切被创造出来的艺术肯定只能在某物中达到某物，即达到某种具有类同性而又不无缺陷的东西，即在某种被创造出来的东西中达到某物，例如在铁的材料中达到一个以某种方式与人类同的塑像，究竟谁才是那不是创造出具有缺陷的类同性，而是创造出真正的本质，并且不需要某种制作材料的大师呢？

沿着这些道路，我们怀着强烈的惊异行进到上帝那里。此时，精神燃起准确无误地找到上帝的热望，并受着爱的煎熬，什么时候那最终的救赎才会向它显现呢？

五

最后，还有一条寻觅上帝的道路，这条路就在你自身之中，这就是摆脱一切限制。当一个艺术家在一段木头中寻觅国王的面部时,他将把除了那面部自身之外的其他一切限制都舍掉。他借助自己的信心的概念在木头中既看那副他试图借助眼睛在当前直观的面部。因为那面部对于眼睛而言还是未来的,但对于精神而言却由于他的信心已现存于他的理性概念之中了。

当你理解到上帝比能够理解到的还要美好时,你就会舍弃掉一切受限制和限定的东西。当你说上帝不是形体,因而不能被量度、地点、形态、处所限制时,你就会舍弃身体。你将舍弃感官,因为感官也是受限制的,你的视力不能穿过大山,看不到隐秘的地底,不能看太阳的光芒;对于听觉和其他感觉而言亦是如此。它们在潜能和力量方面都是受限制的,因而它们都不是上帝。你将舍弃统觉、幻想和想象力,因为它们没有超越形体的本性。即使想象力也达不到无形体的东西。你将舍弃知性,因为知性常常有缺陷,达不到一切事物。你想知道为什么这是人,那是石头,但对于上帝的所有作品而言,你达不到任何知性知识。因此,知性的力量太小了,所以,上帝也不是知性。你将舍弃理性,因为,就连理性在力量上也是受限制的,虽然它包容了一切。理性并不能以完善的方式在某个事物的纯粹性中达到该事物的本质。凡是理性所达到的东西,它都看出可以以更完善的方式达到。因此,上帝也不是理性。

但是,当你继续寻觅时,你在自身找不到任何东西与上帝类同。于是你断定,上帝作为你的理性灵魂的原因、本原和生命之光,超越了这一切。

当你在属于你的内心世界的一切之外找到他,仿佛找到了一个善的泉源,从中为你流溢出你所拥有的一切时,你将会感到愉悦。你全神贯注于他，日复一日地越来越深入自己，抛弃一切外向的东西。于是，你发现自己已经处在那能够找到上帝的路上，你在此之后已经能够在真理中把握他。这是他向你和我所允诺的。他慷慨地把自己赐给那些爱他的人。上帝永受赞颂，阿门。

论与上帝的父子关系

你的研究热情终于促使我对你频频提出的请求作出一番答复。你要求知道我关于与上帝的父子关系有什么想法，我认为这是很正当的。关于这种关系，那位最高贵的神学家约翰曾宣称，它是由那永恒的光赋予我们的。他说道，无论有多少人接受了那光，那光都给予他们以成为上帝之子的潜能，也就是说，给那些信他的名字的人以成为上帝之子的潜能。值得尊敬的兄弟，请接受目下的东西，不要期望我给你们在我过去所写的作品中谈到的东西又增添了什么。其实，在我的内心深处，已经没有什么东西是我不曾写进那些作品之中的了。那些作品表述了我所有总体性的想法，也许你从下面的说话中会感到这一点。

一

总的来说，我认为应该把与上帝的父子关系仅仅理解为与上帝类似，后者在希腊语中叫作 theosis。然而，如你自己所知，theosis 也就是既被称作对上帝的认识，又被称作对道的认识，或者被称作直观的那种完善的极致。因此我认为，在神学家约翰的这一箴言中，包含着这样的意思：那“道”（Logos）或者永恒的理性在本原中就是与上帝同在的上帝，在它为了使人与它类同而赋予人精神的时候，也就赋予了人以理性的光。然后，它又借助有预见能力的先知们的各种各样的敦促，最终通过在尘世中启示出来的道本身说明,那种理性的光自身就是精神的生命,而且在我们的这种理性生命,只要我们接受了那个神圣的道,成为上帝之子的潜能就会在信他的人们里面产生出来。

这就是对那种神圣能力极为奇妙的分有;我们的知性精神以其理性的力量而具有这种潜能,仿佛理性自身就是具有神性的种子,它的能力在信仰者身上能够如此升华,以致使他能够达到那种theosis,也就是说达到理性的最高完善。这样,他也就达到了对真理的把握,而且并不是按照真理在这个感性世界上被掩隐在形象、谜团和各种各样的变异之中的样子,而是按照它在自身之中以理性的方式的可见样子。

我们的理性能力从上帝那里得到的满足就在于此。它借助神圣的道的刺激而在信仰者身上得到实现。谁不信仰,它就绝不能升华,而是由于堵死了自己这一道路而判定自己不能升华。没有信仰,就不能达到任何东西。首先是信仰使流浪者走上自己的道路的。因此,我们的灵魂在多大程度上信仰,其力量就能在多大程度上向上升华到理性的完善。所以,只要有信仰,我们与上帝的父子关系的升华就不会受到阻拦。

而且,由于这种父子关系是我们的全部潜能的极致,所以,在达到 theosis 之前,我们的理性力量也是不会被耗尽的;在实现与永恒的光和无穷的生命愉悦的那种父子关系的宁静之前,它也不能在任何程度上达到自己的最高完善。

但是我相信,与上帝的这种父子关系超出了任何方式的直观。因为,在这个世界上,没有任何东西能够进入人心,进入精神,或者说进入如此深刻、如此崇高的理性,除非它以限定的方式保存下来；其结果是，无论是欢乐、愉悦、真理、本质、德性、自我直觉的概念，还是其他任何一种概念，都不能摆脱这种限定的方式。这种在每一个人身上都根据他与这个世界的关系而彼此不同的方式又被降低为幻象。只有当我们从这个世界解脱时，我们才能从这些晦暗不清的方式重新升华。不言而喻，我们那借助摆脱这些方式而得到解放的理性也就这样获得了自己的幸福，即具有神性的生命。在这种生命中，它也就能够离开感性世界所限定的谜团而升华到对真理的直观。不过，这种直观自身还不能脱离感性世界的那些方式而存在。那位神学家说过，在所有接受并且信仰道的人中，理性之光都具备达到与上帝的父子关系的潜能。因此，同一种父子关系将存在于众多的儿子身上，他们以各自的方式彼此不同地分有了这种父子关系，也就是说，多样性在各种不同的变异中以不同的方式分有了一元，因为所有实存的事物都必然以不同的方式存在于另一事物之中。所以，众多儿子们的父子关系不能不以某种方式而存在。这种收养的方式也许可以称之为分有。但是，那不以任何方式存在于与父的同一本性之中的独生子，其父子关系却是那种完全不受限制的父子关系，在这种父子关系之中，并通过这种父子关系，所有被收养的儿子们也都获得了自己的父子关系。

二

现在，你似乎是期望我以某种方式把你引导到某个地方，在那里你可以发现究竟什么是这种父子关系的不可言说的愉悦。无论如何，你不要期望能够充分地表述出那种超越了一切精神的东西，尤其是因为我们不能借助猜测来逾越横在面前的由谜团构成的界限。我担心自己会由于承担了那些最纯洁的精神的职责而表现为一个犯下大胆妄言罪行的人。但是,要使你感到满足的那个强烈意愿不允许我保持缄默。因此,请你尽可能简要地理解我如今猜测到的东西吧!

我并不认为,一旦我们成为上帝的儿子,就会成为某种不同于我们今天以这种方式所是的人,而是说,我们将以另外一种方式是我们如今以这种方式所是的人。因为,理性的力量接受了上帝的现实的光,被这种光赋予生命,通过信仰引来了这种光源源不断地进入,从而成长为完善的人。但是,这种成熟并不是来自于人迄今在其中成长的童年世界,而是来自于完善性的世界。同一个人既是孩童,又是成人。不过,那种父子关系并不是在被算作是仆从的孩童身上,而是在与父共同享有权力的成年时代才显现出来的。同一个人既是如今正在学校学习以求完善的人,同时又是在此之后达到导师水准的人。就这一方面而言我们正在学习,就另一方面而言我们又在成为导师。但是,就像那位神学家所说的那样,我们是以这样一种方式正在学习的人,我们从导师那里接受了理性的道,我们相信这位导师,因为他是真诚的,他正确地教导我们,我们相信能够借此有所增益。只要我们接受并且相信他的道,我们对上帝来说也就是可教的。这样一来,在我们身上也就产生了一种可能性,即能够达到导师水准,而这也就是与上帝的父子关系。

一位画家教他的学生学会用尖笔在蜡板上画出各种各样的个别图案。只有在这种情况下,那学生才从学习过渡到教师水准。不过,导师水准是把关于个别事物的知识转化为一种全面的艺术,而在这两者之间却没有任何比例关系。在这个世界上我们是以感觉为中介物来学习的，而各种感觉却仅仅涉及个别的东西。我们从各种个别事物构成的感性世界向那种全面的艺术过渡，后者就存在于理性世界之中。全面的东西就存在于理性之中，属于理性的领域。在这个世界上，我们的知识追求游弋于各种不同的个别对象之中，就像是游弋于各种不同的书本当中。在理性世界中，只有一个理性的对象，即真理自身。在这里，全面的导师水准获得了真理。也就是说，在各种不同的个别对象中，理性以各种感觉为中介物在这个世界上所寻觅的无非是自己的生命及其营养，即真理。真理也就是理性的生命。

因此，理性在对这个世界的认识中所寻觅的导师水准也就是领悟真理，也就是获得拥有真理的导师水准，也就是成为拥有真理的导师，也就是成为那种拥有真理的艺术本身。不过，它所发现的并不是那种艺术本身，而是作为那种艺术的作品存在着的各种个别事物。然而，它将从这个世界的学校过渡到导师水准的境界，并且成为导师或这个世界的种种作品的艺术。因此，当理性发现自己处身于一切可创作作品的导师，即上帝之子，即各种领域借以形成的那个道所在的领域之中，并且发现自己与那个道类同时，它对生命和完善的追求及其任何方式的运动也就平静下来了。因为，在这个时候，当那种艺术已经在它里面的时候，与上帝的那种父子关系也就在它里面了。甚至它就是那种神圣的艺术，一切事物都借助它并且在它里面存在。甚至它就是上帝，并且以它获得导师水准的那种方式是一切事物。请你全神贯注地思考，留心注意这种情况。

事实上，全面的知识通过它的接纳包容了一切可以知晓的东西，无论是上帝还是任何一种存在的东西。当一位博学的经师已经达到了拥有全面的知识的导师水准时，他也就拥有了一座宝库，从中他既可以取出新颖的东西，也可以取出古老的东西。这样，他的理性也就依照导师水准的方式包容了上帝和一切事物，以致没有任何东西能够避开它，没有任何东西能够在它之外，在它里面一切事物都是理性自身。这种说法也适用于其他博学的经师，当然是以这个博学的经师自己的方式；因而这种说法也适用于一切博学的经师。所以，一个人在那位神圣的导师的道之光照下，越是勤奋地在这个感性世界的学校里从事理性的知识追求，就越是能够完善地获得导师水准。

既然我们所寻觅的，并且理性生命的幸福也包含在其中的那种导师水准，是关于真实的和永恒的事物，如果我们的理性精神必须上升到完善的导师水准，以便在其中永恒地享有最惬意的理性生命，那么，它就必须使自己的追求不局限于这个感性世界的短暂的阴影之中，理性的追求姑且利用它们，就像孩童在学校里使用质料性的、感性的字母一样。因为他们的知识追求并不在于那些字母的质料性形状，而是在于它们的可理解的内涵。而且，他们并不是在感性的意义上，而是在理性的意义上使用那些用来教育他们的有声的词句，以便借助有声的符号来达到那具有导师水准的精神。但是，那些更醉心于符号的人，就不能够达到哲学的导师水准，而是将作为无知的人，沦落为抄写者、临摹者、代言者、朗诵者或演奏者。

这一类比提醒追求着与上帝的父子关系的我们，不要迷恋于感性的事物，它们只是真实东西的谜团般的符号，而是要考虑到我们的缺陷而远离具有玷污作用的迷恋来使用它们，就像是那拥有真理的导师在借助它们给我们说话，它们只是包含着导师的精神表述的书篇。这样，我们就是在感性的事物当中静观理性的东西，借助对不成比例的事物进行比较，从暂时的、变幻无常的、有时间性的、其存在处于不稳定的流变之中的事物上升到永恒的事物。在这里，所有的前后相继都被控制在那种静止的恒定的绵延之中。这样，我们就将专注于思辨那真实的、正直的、愉悦的生命，期盼自己远离那使自己堕落的一切污秽，以便能够以追求永恒的那种热情，通过由此解脱而达到导师水准，从而进入上面所说的那种生命。

这就是谁也不能够夺走的那种主的愉悦，因为，我们将在理性的品尝中得知，我们已经获得了不朽的生命。同时，这也是那种最高的享受，似乎我们正在以最精致的感觉品尝着我们饥肠辘辘地渴求的精神食粮。当然，就连有病的人，即使其味觉不正常，也吃光了精美的食品。但是，由于感觉的生命力没有感知到佳肴的美味，他依然生活在充满疲困、哀伤和劳累的痛苦之中，甚至吞咽食物对他来说也是一种痛苦。然而，以纯正的、健康的味觉渴求食物的人，就能够吃得心情愉悦、兴趣盎然。这种类比虽然可能太离题了，但是，只有当理性的生命因其纯洁的本性不堕落沦丧，而且还以一种理性的味觉生存，在其中它感觉到自己生存于一种由纯洁的真理时常更新的真正的理性生命的时候，上帝之子们的愉悦才是不会中断的。

三

也许，对于上帝是不可理解的、人们不能达到与上帝的父子关系、即不能达到对本身就是上帝的真理的理解这种说法，你会常常感到惊恐不安。我相信你已经充分地认识到，人们只能在别的事物中以别的方式来理解真理。然而，由于上帝启示自己的那些方式是理性的，所以，纵然我们不能按照上帝的本来面目达到上帝，但还是可以在理性精神的纯洁性中，抛开一切谜团般的幻象来直观上帝，而且对于理性本身来说，这是一种既清晰又简单的观看。由于这种绝对的真理也就是如此酷爱真理的理性最高的、活生生的幸福，所以，它的这种显现方式也就是上帝。离开了上帝，理性就不可能是幸福的。

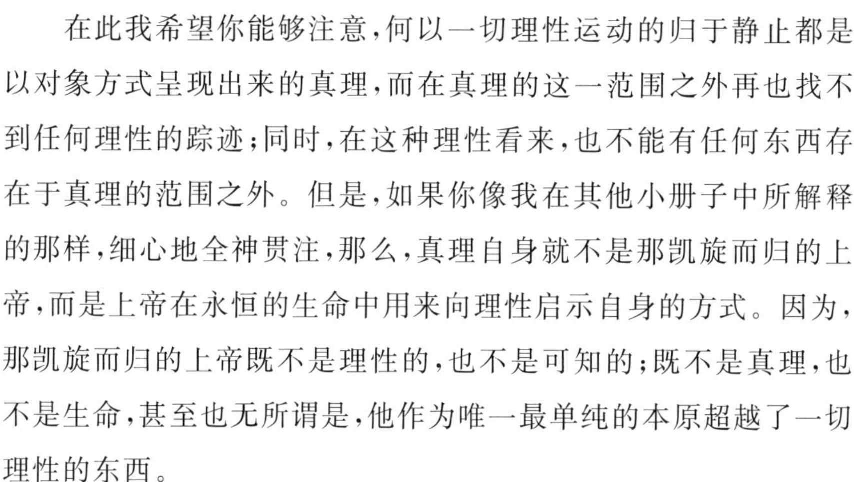

在此我希望你能够注意，何以一切理性运动的归于静止都是以对象方式呈现出来的真理，而在真理的这一范围之外再也找不到任何理性的踪迹；同时，在这种理性看来，也不能有任何东西存在于真理的范围之外。但是，如果你像我在其他小册子中所解释的那样，细心地全神贯注，那么，真理自身就不是那凯旋而归的上帝，而是上帝在永恒的生命中用来向理性启示自身的方式。因为，那凯旋而归的上帝既不是理性的，也不是可知的；既不是真理，也不是生命，甚至也无所谓是，他作为唯一最单纯的本原超越了一切理性的东西。

所以，由于上帝超越了一切理性，因而就不能在理性的领域或范围内发现上帝，也不能借助理性来达到上帝处于理性范围之外这种认识。因此，由于我们只能以否定的方式在理性的领域之外达到上帝，所以，我们就在存在与生命的真理中享有他的方式，在那个最高的领域里，即在我们的精神的最高迷狂的领域里，平和宁静地达到上帝。在那里，精神在上帝荣耀的这种表现中得到满足。当认识到自己的本原、中心和目的都超越了理解的任何高度的理性，在一个特有的对象中，即在纯粹的真理中直观上帝的时候，这里就包含了最高的理性愉悦。这也就意味着，理性在真理中，在那如此崇高的荣耀中认识到自身。理性认识到，没有任何东西能够存在于它之外，相反，一切东西在它里面就是它自身。

比方说吧，我知道你绝对不会没有认识到，形体在平面镜中显得与实际相等，在曲面镜中则显得要比实际小。因此，假定有我们的本原，即荣耀的上帝的一个最完善的映像，上帝自身在它里面显现出来，它就是真理之镜，没有任何污斑，极其平直、无边无际、极其完善。而所有的被造物都是有所限定的、有不同曲度的镜子。在它们中间，理性的本性是有生命的，比较清晰的、比较平直的镜子，这样的镜子由于是有生命的、理性的、自由的，故此应该设想它们是能够使自己变得弯曲、变得平直、变得洁净的。

因此我断定，一面镜子的清晰度以不同的方式反映在所有镜子的折射之中。在第一面最平直的镜子的清晰度中，所有的镜子都如其实际那样反映出来。这一点，人们可以从身前环绕着自己的现实的镜子中看出来。但是，在其他所有限定的、曲面的镜子中，一切事物都不是如其实际那样显现出来的，而是根据接受它们的那面镜子的情况，即由于接受它们的那面镜子背离了平直，从而以变小的方式显现出来。

因此，当一面理性的、有生命的镜子被移置到第一面平直的、一切事物在里面如其实际那样真实地、没有任何歪曲地反映出来的真理之镜跟前的时候，真理之镜自身就连同它悉数接纳的所有镜子把自己专注于这面理性的、有生命的镜子之中，这面理性的镜子，也就把在自身中包含了一切镜子的真理的那面真理之镜的镜光接纳在自身之中；而且，这面有生命的镜子是在永恒之中的一个真实的时刻，以自己的方式接受那真理之镜的镜光的，就好像是一只有生命的眼睛在接纳第一面镜子的反映光线时，在那个真理之镜中直观到自己的本来面目，直观到一切事物都以各自的方式存在于它自己里面一样。它越是单纯、完善、清晰、洁净、平直、公正、真实，就越是清晰地、愉悦地、真实地在自身之中直观到上帝的荣耀和一切事物。因此，在那第一面也可以称作道、逻各斯或者上帝之子的真理之镜中，理性的镜子获得了那种父子关系，以致它在一切事物之中就是一切事物，一切事物都在它里面，它的统治也就是在荣耀的生命中拥有了上帝和一切事物。

兄弟，现在请你丢掉感性的镜子的量化规定，使概念摆脱地点、时间和一切感性的东西，使自己上升到知性的镜子的清晰度。在那里，我们的精神以清晰的知性观察真理。我们以清晰的知性镜子探索那些有疑问的事物的奥秘，我们知道知性展示给我们的东西是真实的。因此，请你把前面所讲的比喻过渡到理性的领域，以便使自己能够借助它们，更切近地把自己提高到对与上帝的父子关系的静观。这样，你就能够在某种隐秘的直观中预先体味到，那种父子关系无非就是从映像的模糊印迹过渡到与无限的理性自身的统一。精神生存在无限的理性之中，并且意识到自己怎样生存。它发现没有任何东西是在它之外生存的，只有那些在它里面就是它自己的东西才能够生存。它知道自己如此丰满地拥有生命，以致一切事物都能够在它里面永恒地生存。没有任何其他东西赋予它生命，相反，它自己就是一切有生命的事物的生命。

不过，上帝对于精神来说并不是另一个东西，他与自己的精神并没有什么不同和区别。并不是有另一种上帝的理智，另一种上帝的道，另一种上帝的精神。任何变异和差异都远远低于那种父子关系。最纯粹的理性使每一种理性的东西都成为理性，因为，任何理性的东西在理性中也就是理性自身。因此，任何真的东西都由于真理自身而是真的、是理性的，唯有真理自身才是每一种理性的东西的合理性本身。抽象的、最纯粹的理性使所有理性的东西的真理成为理性本身，使它们生存于理性的生命之中，而理性的生命也就是领悟。因此，既然真理自身在理性中也就是理性，理性也就总是在领悟着和生存着。既然它所领悟的真理在它里面也不过就是它自己，它所领悟的也就不是与它自身不同的东西。在理性的东西之外，没有任何东西被领悟，任何理性的东西在理性自身中也就是理性。因此，在纯粹的理性看来，剩下的东西也就只有它自身。在理性的东西之外，它不能领悟任何东西能够存在。因此之故，理性不是去领悟另一种理性的东西，它的领悟也不会是某种别的东西。就本质的统一性而言，理性就是领悟者自身，也就是被领悟者，也就是本身即领悟的那种活动。真理并不是某种与理性不同的东西，它生存于其中的那种生命也不是某种不同于有生命的理性的生命。因为，这是出自理性生命力的全部力量和本性。理性的生命力根据自身的能力包容了一切事物，使一切事物成为它自身，因为，一切事物在它里面就是它自己。

因此，父子关系也就是摒除一切变异和区别，把一切融合为一，这种融合同时也就是一转化为一切。这也就是那种 theosis。如果一方面，上帝就是一切存在着的事物在其中结合在一起的那个一，又是一转化为一切，以致一切都能是其所是；另一方面，在理性直观中，一切存在于其中的那个一和一存在于其中的一切这两个方面又吻合起来，那么，当我们升华到在一中我们就是一切存在于其中的那个东西，在一切中我们就是一这种程度时，我们就确实是与上帝类同了。

你不要认为这些说法都是确切的，因为，借助这些说法达不到那些不可言说者。所以，这里需要以深刻的冥思超越一切对立、形象、地点、时间、表象和限定，超越变异、区别、联结、肯定和否定，以使你在通过超越一切比例、比较和推理而升华到纯粹的理性生命时，能作为生命的儿子转化为生命。这就是我此刻关于 theosis 能作的在某种意义上也许差距颇远的猜测。即使它有可能是具有极高的深刻性之阐释，在其中你也应该尽可能地去设想，应当如何超越一切知性知识而升华到另一种境界中的某物，它超出了那种可以用某些符号来解释的东西，存在于单一的纯粹性中。这就是我对此所能说的。

四

由于我并非不知道，你非常希望我能够为你解释，我对在此刻的流变中为追求那种父子关系，按照我的想法，应该继续走下去的那条路之理解，所以，我愿意尽力根据它的表现再对它作一番说明。不过我认为，当我们涉及到一及其表现方式时，分析的学说并没有把我们从各种各样的疑难中解放出来。这并不是说，那避开了一切思考的一，那一切事物的本原、中心和目的，甚至在一切事物里面就是一切事物、在无里面就是无的一，能够以某种方式被归属于理性的、知性的、感性的存在。这一点我过去在《论有学识的无知》一书中已经解释过，因为，在事物的上升和下降中，都不能达到绝对的极大，绝对的极大停留在一切等级和最高的级别之上。然而，即使它始终是无法达到的，但它毕竟还是那个一，是那个在所有可以达到的东西中被达到的一。因此，一就是那个同时又是一切事物的东西，这个无法达到的一又是在一切事物中被达到的。这就好像是有人把单元称为不可数的，而单元又是每一个数字。在每一个数字中，这个不可数的单元都被计数，因而，每一个数字都不外是这个单元。例如，十从这个单元那里得到了它所是的一切东西。没有这个单元，它既不能是一个数字，也不能是十。十完全是从单元那里得到它所是的一切的。十既不是某种不同于单元的东西，也不是一个从单元那里接受了某种东西的数字，好像它在单元之外还能够拥有某种存在似的；相反，它所是的一切东西都是单元。但这并不是说，十这个数是在数单元，相反，单元对十来说始终是不可数的，就像它对任何数来说都是不可数的一样，因为这个不可数的单元超越了一切数字。例如，六不是七，因此它们是两个不同的数字，尽管这并不意味着，六的单元是一种单元，而七的单元则又是另一种单元。因为，在这两个数字中，只能发现一个存在于歧异之中的单元。因此，作为数的本原，单元是不能在数字里面找到的。毋宁说，一自身以可数的方式存在于数字中，以不可数的方式存在于单元中。在可数规定的东西与不可数的东西之间，在绝对的东西与限定的东西之间，不存在任何并列关系或者比例关系。

如此设想就会使你得出这样的看法：那个一，作为一切事物的本原，是不可言说的，因为它是一切可言说的事物的本原。因此，一切可以被言说的东西都不能表现不可言说的。但是，每一种言说都在讲述着不可言说的东西。于是，那个一，即道的父亲或者创造者，也就是在每一种道说中所道出的、在每一种标识中所标出的一切。这种说法也适用于其他东西。

我再用一个例子来开导你。导师的理性不能借助任何东西在知性和感性的领域中达到。他的理性从全知、能力和善的完满性出发被推动，把其他的理性与自己结合为一体，以便使它们与自己类同。它从自身产生出精神性的道，这道是单纯的、完善的，是全知的道，是导师的完善的艺术。他要把这种艺术嘘入学生们的精神。但是，由于它只能借助感性的符号进入学生们的精神，他选用了气，用气造成了声音。他以不同的方式塑造和发出声音，以便把学生们的精神提高到与自己类同的导师水准。但是，导师的所有道说都根本不能显示出这些道说的作者，即理性，除非是借助精神的概念或者理性的道自身，它就是那个理性的摹本。

在导师教导的这种表现中，反映出导师的爱意。这种爱意又闪现在他的传言中。而且，根据为使道结出果实而采用的各种不同表述方式，导师的爱意，即那个精神的概念，又以不同的方式反映在各种道说的含义中。导师的那种全知反映出来，从中流溢出如此丰满又如此全知的那个精神的概念。但是，传言的一切方式都不能达到那种爱意，因为，它是如此丰满，以致不能被传言出来。任何演说方式都不能达到那个精神的概念，它是无法表述的丰满，因为，它是导师的艺术。无论以何种可能的方式，演说和传言都不能表述出那种理性的全知，即使在演说中所包含和表现的无非是那种全知为了过渡到类似的导师水准而作出的启示。

按照这样一种类同性，我们的三位一体的本原以它的仁慈为理性的精神创造了这个感性的世界。他能使用的材料，似乎就是他使精神性的道在其中以不同的方式反映出来的那种声音。这样，一切感性的事物都是以各种各样的方式表达出来的，从圣父那里通过圣子即道展开的、进入所有人的精神的演说。之所以如此，乃是为了借助感性的符号使最高的导师水准的教导过渡入人的精神，并以使人的精神完善化的方式，把它们改造为类似的导师水准，以致这整个感性世界都是由于理性而存在的，人是各种感性的造物的目的，荣耀的上帝则是他的每一件作品的本原、中心和目的。

因此，那些向往与上帝的父子关系的人们的追求，都是为了在同等级别的和极其崇高的事物中认识那所有出自不可言说者的可言说的事物，认识到那不可言说者乃是高居于一切理性事物之上的，是一切理性事物的本原、中心和目的；那个一以不可分有的方式是一切理性存在的泉源，是一切存在着的事物。同样，精神性的道是一切有声音的道说的泉源，一切存在着的，以有声音的道说表述出来的事物都不能与它混同，都不分配它，因为，精神是不能由有声音的道说来分有，或者以某种方式来达到的。但是，理性的道就是以理性的方式接受不可言说的道。因此,每一种摆脱了一切感性限定的道也就是理性的道,而理性的东西又是以理性的方式从不可言说者那里获得它所是的一切的。如果不可言说者被理性所称道,这种情况也是以绝对的方式发生的,因为理性的方式在次序上是绝对的,是没有任何感性限定的。

因此,不可言说者是不能以任何方式被称道或者被达到的。绝对的名称,无论是存在、神性、善、真理、能力,还是任何一种别的东西,都根本不能用来称道那不可称道的上帝,它们只是以各种各样的理性方式表达出不可称道的上帝罢了。以这种方式,那不可言说者又是可言说的,那不可分有的东西又是可分有的,那超越了一切尺度的东西又是可度量的。因此,上帝是超越于一和方式之上的本原,他在一和一的方式中表现为可分有的。正因为如此,我猜想,我们在这个世界上试图升华到获得父子关系所借助的那种追求,也可以存在于另一种东西之中。我们的考察也要转向一及其方式。

五

为了使你简要地把握我所说的,我想用一个例子来加以说明。请你把一及其方式运用于某种你看到它存在并活跃于一切事物之中的东西,我们就会体验到某种力量内在于一切事物之中。因此,能力借助于理性得到了解放,以致你能够以绝对的方式来审视这种力量。绝对的力量是某种综合性的大,它在自身中以无所不包的崇高和理性的单纯性的统一包容了能力的一切等级和方式。它是一种最高的方式，借助它，超越一切事物的不可言说者和一切能力完全不能达到的原因都可以被理性的方式达到。当然，上帝也不是一种能力，而是各种能力的主人。

由此出发，你就会注意到，上帝存在于一切绝对的和限定的事物之上，无论借助任何一种最高的解脱也不能达到他的真实存在，我们只能借助那种绝对的方式来达到他。而且，理性的本性就是借助这种绝对的方式以理性的方法分有了那不可分有者，以致它们就是那超越了能力的任何限定的能力。而在限定中，能力则被隐掩在感性世界当中。但是，能力的解脱需要某些方式。没有某种方式，解脱本身就不能被分有。这样，能力的解脱就在方式的歧异中以不同的方式显示出分有它的各种能力。因此，不同的理性精神以不同的解脱方式分有能力，以致所有解脱了的、以不同的方式分有同一能力的精神无非就是绝对的、以不同的方式被分有的那种能力罢了。

你已经看到，精神的力量是多么强大，因为，它就是那超越了感性世界的任何力量的能力，在它能力的潜能中包容着各种领域以及隶属于它之下的那些事物的全部能力，以致在它们中间起作用的任何力量都是理性精神能力的某种展开。

但是，这个感性的世界是以不同的方式与理性的世界分有同一种能力的，感性的世界是以感性的方式，理性的世界则是以理性的方式。这样，绝对的理性能力就被限定为无知觉世界的各种不同的分有方式，以天空的方式被限定为天空，以生物的方式被限定为生物，以生命的方式被限定为生命，以植物的方式被限定为植物，以矿石的方式被限定为矿石，等等。

因此，在所有的事物中，只要你注意到力量，也就认识到它的方式。所以，一乃是在所有的事物中就是所有以各自的方式分有它的事物的那种东西。如同对能力一样，对于本质、善、真理，你也可以作出同样的猜测。最有智慧的立法者摩西曾说过，上帝创造了宇宙，塑造了人，似乎上帝就是创造的能力和塑造的能力，但他却超越于所有这些东西之上。不过，摩西还是要深究，借助对上帝的大能的分有，即借助能够分有上帝的方式，所有的事物是如何以不同的方式进入存在的。他曾说过，上帝看到所有的事物都是善的。他指出，上帝是善的泉源，从上帝能够被分有的方式中以不同的方式产生出各种各样善的东西。因此，只有那个一是不采用某种方式就不能被分有的东西。

让我更详细地为你解释我所猜测到的东西吧。一是所有的神学和哲学家试图以各种不同的方式表述出来的东西；再就是那天上的国，对于它来说，正如真理的导师所指出的那样，只能以不同的方式来展开它的类似性。这并不意味着芝诺(Zeno)说的是一回事，巴门尼德(Parmenides)说的是另一回事，柏拉图(Plato)说的是一回事，其他那些向我们传授真理的人说的又是另一回事。相反，这意味着那些关注一的人以不同的方式表述了同一个一。无论述说的方式显得如何截然对立、无法调和，但他们都是在以各自的方式，或者以肯定的方式，或者是以否定的方式，或者是以怀疑的方式，来展开那同一个以不可达到的方式超越于一切对立之上的一。一方面是肯定神学，就一来说，它肯定了一切；另一方面是否定神学，就一来说，它否定了一切；怀疑神学则既不否定也不肯定；选言神学则肯定一些并否定另一些；联言神学则或者以肯定的方式把对立面结合起来，或者以否定的方式把这些对立面归在一起统统抛掉。因此，所有可能的述说方式都属于同一个神学，无论它们采取什么方式，都是在试图述说同一个不可言说的东西。

六

因此，这就是那些倾慕 theosis 的人们的追求之路：无论他们的方式如何不同，但都是朝着同一个一。如果每一个追求者在细心思考时都注意到，那个作为一切事物的原因的一何以不可能不在每一种表述中都被表述出来，就像无论他肯定自己说过还是断言自己没说过，那个词都不可能不在每一句话中被说出一样，那么，他就会清楚地意识到，不可言说的能力包容了一切可言说的东西，没有任何在自身中不以自己的方式反映出任何言说者和被言说者的原因的东西能够被言说。

一个真正的神学学习者，在所有各种各样的猜测中不会发现任何能使他陷入迷茫的东西。对于他而言，说根本没有任何东西存在的人并不比说凡是表现出来的东西都存在的人所说的更少；说上帝就是一切事物的人也并不比说上帝什么也不是、或者上帝无所谓是的人所说的更真实。因为他知道，无论谁说什么，上帝都超越了一切肯定和否定，上帝是不可言说的；而每一个人关于上帝所说的，也无非就是一个谈论不可言说者的人在谈论时所使用的那种方式而已。就像人与驴这两个“种”一样，它们以不同的方式都表现了动物这个“属”，即人这个种是以理性的方式，驴这个种是以非理性的方式。根据人这个种的表现，显然与生物相符合的就是理性;根据驴这个种的表现,与生物相符合的则是无理性。但是,谁只要注意到动物这个属如何超越了那些区别,以及对它来说因此之故没有任何区别是符合的,他就会发现,种的表现只不过是超越了各种区别的那个属的不同方式而已。这是就驴而言的。而相反的区分方式的相反表现,也并不妨碍观察者注意那唯一的超越的属。

最后,追求者也不可忽视,如何在这个感性世界的学校中,在方式的多样性中寻觅那本就是一切事物的一。但是,倘若达到了导师水准,就可以在纯粹理性的领域里在一中知晓一切事物。不过,如何才能达到这种境界,你可以从先前所说的东西中去猜想。因为,精神并不能由知性的选言推理推动,从以感性的方式获得的东西出发达到理解。但是,由于精神以理性的方式分有了绝对的能力,也就是说,根据它本性充实的能力,它是对所有理性事物的一种认识,这就是它能力的潜能,它力图在这个世界上借助感性的刺激把这种潜能提高为现实。而只是在此之后,这种力量才借助知性推论得以实现,从它使之能够分有自己的躯体的生机解放出来,返回到自身,即返回到充满生命力的统一的理性,它发现自己就是那作为各种事物的现实知识而存在的能力。

何况,就像上帝是所有事物的现实本质一样,那与感性束缚分离开的、自身充满了生命力的,并以返回自身的方式得以统一的理性,则是上帝栩栩如生的摹本。因而就像上帝是一切事物的本质一样,理性作为上帝的摹本也就是一切事物的摹本。认识来自于摹写。但是,由于理性是上帝的有理性的、栩栩如生的摹本,它是在作为一的自身中认识一切事物的。然而,只有当理性在上帝自身中发现自己是什么时，它才认识自己，这又只有当上帝在理性中就是理性时才能实现。因此，认识一切事物，无非是发现了就是上帝的摹本，而这也就是那种父子关系。

因此，理性是以一种单纯的、进行认识的直观来直观一切事物的。但是，它在这里是在方式的歧异中探索一自身。所以，为了自己的猎获而在这个世界上以知性和感性的方式伸延自身的理性力量，在它使自己超越了这个世界的时候又复原了。也就是说，在感性的感觉和知性的推理中被分有的那些理性力量还要返回到理性的中心，以便在自己的流溢物的统一中活跃在一种理性的生命之中。

这已经足以能够向你显示，为什么不管我的猜测是什么，按照它，理性的本性都终归以理性的方式是各种事物的总体。当它处身于这个世界的学校之中时，它力争把这种潜能转化为现实，并且摹写各种个别的样式。此时，它的能力以理性的方式潜在地担当着各种事物的总体。当他现实地摹写被领悟的事物时，它就从自己的能力中引申出对这个或者那个事物的领悟。然后，当它在理性的领域里知道，自己就是所有事物的摹本时，这种摹写的潜能在借助各种个别事物得以实现之后就完全转化为现实，转化为导师水准的完善艺术，以致理性现实地知道自己就是所有事物的理性总体，因为，它自己就是对所有事物进行区分的认识。

但是，理性所直观的并不是它的静止和生命的理性领域之外的某种东西。它并不是以有时间规定的方式在不稳定的前后相继中，而是在不可分割的现在中直观有时间规定的事物，因为，现在或者此刻作为包容一切时间的东西并不属于这个感性的世界，人们不能借助感官达到它，它属于理性的世界。同样，理性也不是在有广延的、可分割的形体中，而是在不可分割的点中直观大小，全部连续的量的理性包容就在不可分割的点中。它也不是在数字的多样性中，而是在那个单纯的单元中直观各种事物的歧异，那个单纯的单元以理性的方式包容了一切数字。

因此，理性以理性的方式接纳了一切，超出了进行分离、起遮掩作用的感性方式。它直观整个感性世界，使用的不是感性的方式，而是更为真实的理性方式。这种完善的知识之所以被称作直观，乃是因为，在对那个世界的知识和对这个感性世界的知识之间存在的差别，差不多也就像是借助视觉所获得的知识与借助听觉所获得的知识之间存在的差别。因此，借助视觉所产生的那种知识越是比借助听觉所形成的关于同样事物的知识更为可靠、更为清晰，对那个世界的直观知识也就越是更多地胜过对这个世界的知识，就像知道为什么可以被称作直观的知识，因为，知道者涉及到事物的根据，而知道是什么，则是出自道听途说一样。

我真诚地希望你能够接受我浮光掠影地就你所提出的问题残缺不全地所说的这些话。假如在其他时间里上帝还提供了某种更为卓越的东西，你不会不知道的。最亲爱的兄弟，祝你健康，并让我分享你的祈祷，以便我们能够由此出发在永受赞颂的上帝之子基督耶稣身上达到与上帝的那种父子关系。阿门。

论上帝的观看

现在，我想解释一下我过去曾向你们，最亲爱的兄弟们，就神秘神学的易理解性所许诺的东西。我认为，你们如我所知被对上帝的追求所引导，因此，理应为你们开启这个最珍贵、最丰富的宝藏。我首先祈求，请赐予我那高高在上的道，和那只能自己来说明自己的无所不能的表达方式，以使我能够顺应你们的理解力来解释那超出任何感性的、知性的、理性的视力而启示自身的神奇。我将尽力以最简单、最质朴的方式，尝试把你们引入那最神圣的幽暗之中，在那里，只要你们感觉到那不可接近的光出现，每一个人都会自动地以上帝赐予自己的那种方式不断地向它靠近，并在那最甜美的祭酒中预先品尝在生命的道中借助永受赞颂的基督的福召唤我们前赴的那永恒幸福的饮宴。

序　　言

既然我要以人类的方式把你们引导到神圣的事物，所以，这就必须借助某种类比来进行。但是，在人类的作品中，我还没有发现一幅能观看一切事物的人的肖像与我们的意图相吻合。这是因为，那以细腻的技艺画出的面部必须显得似乎可以环顾周围的一切事物。虽然在众多的作品中间，也可以发现许多极好的画像，例如纽伦堡广场上的一幅弓箭手画像，布鲁塞尔最伟大的画家罗吉尔(Rogier)在如今存放于当地市政府的一幅极珍贵的画板上所做的画，在科布伦茨我的维罗尼克小教堂中存放的一幅画，在布利克森的一幅手持教会徽号的天使画像，以及其他地方的许多画像。不过，为了不使你们在需要像我所能拥有的这样一种感性形象的事情上感到匮乏，我给你们，亲爱的兄弟们，寄去一幅包含有一个能观看一切事物的人的肖像的画，我把它称之为上帝的象征。

你们可以把这幅画挂在某个地方，例如挂在北边的墙上。大家与它拉开一点距离，环绕它站立，并且观看它。你们中的每一个人，无论是从什么地方观看它，都会产生这样的体验，似乎只有自己在被它观看。站在东边的兄弟觉得那张脸在朝东看，站在南边的兄弟觉得它在朝南看，站在西边的兄弟觉得它在朝西看。因此，最令人惊奇的是，它怎么可能既看着所有的人，同时又看着每一个人。因为，站在东边的人的想象力根本无法理解，画像的目光竟会转向另一边去，无论是转向西边还是转向南边。然后，站在东边的兄弟可以换到西边去，他将会体验到，那目光一如注视着东方一样注视着他自己。由于他知道画像是固定不动的，所以，他对不动的目光的移动就会感到惊奇。即使他紧盯着画像从西边移到东边，他仍然会发现，画像的目光从不间断地随着他移动。而当他从东边回到西边时，画像的目光同样没有离开他。于是他感到惊奇，这目光究竟是怎样在不动中移动的。他的想象力也不能理解，这目光同样还会随着另一个与他相对运动而相遇的人移动。倘若他愿意试一试，他还可以让另一个兄弟看着画像从东边向西边移动，他自己则同时由西边向东边移动，并且询问他遇到的人，画像的目光是否不断地随着他移动。此时他会听到这样的回答，即画像的目光同时在以相反的方式移动。他相信对方的话；但假如他不相信，

他就无法理解这是怎样可能的。这样,借助于对方的揭示,他终于知道,那张脸不曾离开任何人,甚至也不曾离开在相反的运动方向上行走的人。

于是他获知,那张不动的脸既在向东边移动,同时又在向西边移动;既在向北边移动,同时又在向南边移动;既在向一个地方移动,同时又在向所有的地方移动;既追随着一种运动,同时又追随着所有的运动。当他注意到了那目光如何从未离开任何人时,他就会发现,那目光如此细致地关注着每一个人,就好像它仅仅关注着那个获知自己在被观看的人,从不关注任何别的人似的,以致一个被那目光观看的人甚至不能理解它也关注着另外一个人;他甚至会发现,那目光就像对最伟大的造物一样,也对最微小的造物,乃至对整个宇宙,都有极细腻的关注。

从这样一种感性的现象出发,我想引导你们,最亲爱的兄弟们,通过某种凝聚心神的练习来向神秘神学升华。我想先讲三个与此相关的问题。

一、何以现象的完善化是从完善的上帝那里得以实现的

我认为必须首先确定,没有任何在上帝的真实目光中不是更为真实的东西,能够出现在上帝肖像的目光周围。的确,上帝是一切完善化的顶点,他比能够设想的还要伟大,他之所以被称作theos,乃是因为注视着一切事物。

因此,假如在一幅肖像上画出的目光,能够显得既注视着一切

事物又注视着每一事物，那么，由于它是一种完善的目光，它在现实中与真实的一致，不可能低于它在现象中与画像或者现象的一致。

既然在我们中间，有的视觉比其他视觉更敏锐，有的视觉刚刚能辨别近处的事物，有的视觉则能辨别更远的事物；有的视觉到达对象迟缓，有的视觉则到达对象迅捷；那么毫无疑问，所有观看者的每一种视觉所起源的那种绝对的视觉超越了任何敏锐、任何速度、所有现实的观看者的任何能力，以及所有能够成为观看者的人。

实际上，当我考察我在精神中使其摆脱一切眼睛和器官的那种抽象的视觉时，当我思索那种抽象的视觉在其限定的存在中，就像观看者们借助自己的视觉观看时一样，是如何被限定在世界的时间和地点上面，限定在个别的对象和其他如此这般的条件上面，而那种抽象的视觉又是怎样抽象和摆脱这些条件时，我清楚地认识到，比其他视觉更多地注视一个对象，这并不是视觉的本质。当视觉注视一个对象时，就不能再注视另外一个对象或者干脆注视所有的对象，这适用于在限定的存在中的视觉。

但是，就上帝是真正的非限定的视觉而言，他并不低于对抽象的视觉而言借助理性所能把握的东西。他以不可比的方式更为完善。就能够上升到绝对视觉的优越性极致而言，画像的目光表现还要低于概念。

因此，在肖像中表现出来的那些东西，以一种超越一切的方式存在于绝对的视觉之中，这是没有疑问的。

二、绝对的视觉包容了一切方式

其次请你注意，视觉在不同的观看者那里由于其限定性不同而彼此各异，因为，我们的视觉服从于器官和心灵的感受力。所以，一个人此时是充满爱意地、喜悦地观看，彼时却是充满痛苦地、愤怒地观看；此时是孩子般地观看，彼时却是以成人的方式观看，最后是严肃认真地以老年人的方式观看。

但是，那摆脱了一切限定性的视觉，同时并且一下子就包容了观看的所有方式和每一种方式，就好像它是一切视觉的最适当的尺度和最真实的样板。因为，若没有这种绝对的视觉，就不可能有限定的视觉。而且，绝对的视觉在自身中包容了观看的一切方式，唯其包容了一切方式，所以也就包容了每一种方式，并且完全摆脱了任何一种区别。也就是说，在绝对的视觉中，以非限定的方式包容着观看的一切限定的方式，而限定又是在绝对者之中，因为，绝对的观看就是对各种限定性的限定。限定本身是不可限定的。

因此，最单纯的限定与绝对者是一致的。没有限定，也就没有任何东西被限定。所以，绝对的观看存在于每一种视觉之中，因为每一种限定的观看都是通过它而存在，没有它就不能存在。

三、关于上帝所说的一切事实上都没有区别

你理所当然地会注意到，由于上帝那最高的单纯性，关于上帝

所说的一切，事实上都不可能有区别，虽然我们可以根据这种或者那种理由赋予上帝这种或那种名称。

但是，由于上帝是一切形式上的理由的绝对理由，他也就在自身之中包容了一切理由。尽管我们根据与某一个名称的涵义相应的这种或那种理由赋予上帝视觉、听觉、味觉、嗅觉、触觉、感性、知性和理性，以及其他诸如此类的东西，但在上帝那里，观看却不是某种有别于听、尝、嗅、触、感觉、理解的东西。因此，有人说过，整个神学都是建立在一个圆形轨道上的，因为，在赋予上帝的名称中，一个名称是从另一个名称得到证实的。对于上帝来说，有也就是他的在，动也就是停，流也就是静，这也适用于其他那些赋予上帝的名称。

尽管我们可以根据一种理由说上帝运动，根据另一种理由说上帝停下，但是，由于上帝就是绝对的理由自身，在它里面任何歧异都是统一，任何差别都是一致，所以，理由的差别按照我们对差别的理解并不是一致本身，不可能存在于上帝里面。

四、何以上帝的观看被称作神意、神恩和永恒的生命

现在请你，正在静观着的兄弟，转向上帝的肖像。你先站到东边，然后站到南边，最后站到西边。由于肖像的目光同样地从各个方向看着你，并且无论你在什么地方，那目光都不曾离开过你，在你心中就会引起思考，你就会受到召唤，说出下面的话：

主啊，我如今在你的这一肖像中以某种感性的体验直观着你

的神意。因为，你既然不离开我这个在所有人中最微不足道的人，也就不会离开任何一个人。所以，你与所有的人和每一个人都同在，就像存在与所有的人和每一个人都同在一样，没有存在，他们就都不能存在。因为，你是作为一切事物的绝对存在而与所有的事物如此同在的，就好像你毫不关怀任何别的东西。由此可以看出，没有任何事物不是偏爱自己的存在胜过所有的存在，偏爱自己的存在方式胜过其他事物的所有存在方式，并且如此维护自己的存在，宁可让其他一切事物的存在毁灭也不让自己的存在毁灭。主啊，你如此直观着每一存在着的事物，以致任何存在着的事物都不能理解，除了仅仅使它自己以尽可能好的方式存在，而其他一切存在着的事物之所以存在，都只不过是为了服务于它自己，以便使你正注视着的那个事物以最好的方式存在之外，你还会有别的什么关切。主啊，你无论如何也不能使我理解，你会爱我之外的某个事物胜过爱我，因为，你的目光不曾离开的只是我。

由于眼睛所至便是爱之所至，所以，我体会到你对我的爱，因为，你的双眼专注着我，你的仆人。主啊，你的观看就是爱；就像你的目光如此专注地看着我，从未自我身上移开一样，你的爱亦是如此。由于你的爱始终与我同在，你的爱也无非就是爱着我的你自身，所以，主啊，你始终与我同在，从未离开我。你从各个方面来爱护我，因为你对我怀有无微不至的关怀。主啊，你的存在并没有抛弃我的存在，因为你在什么程度上与我同在，我也就在什么程度上存在。由于你的观看就是你的存在，所以我存在，因为你在观看着我。倘若你把自己的视线从我身上移开，则我无论如何也不能存在。

但是我知道，你的目光也就是最高的仁慈，它必然要把自己分配给所有能够接受自己的人。因此，只要我是能够接受你的，你就决不会抛弃我。对于我来说，重要的是尽我所能始终不渝地使自己更能接受你。不过我也知道，保证这种结合的接受能力无非就是类同性。无接受能力也就是出自不类同。因此，如果我以一切可能的方式使自己类同于你的善，那么，我也就会根据这种类同性的程度是能够接受真理的。

主啊，你赋予我存在，而且是这样一种存在，它能够始终不渝地使自己更能够接受你的恩典和仁慈。在我从你那里得到的这种力量中，我享有了你全能的能力之一个栩栩如生的摹本，这种力量就是自由的意志。借助它，我既可以提高接受你的恩典的能力，也可以减弱它。我尽力使自己是善的，因为你就是善的；我尽力使自己是公正的，因为你就是公正的；我尽力使自己是仁慈的，因为你就是仁慈的；我的全部努力都仅仅集中于你，因为你的全部努力就是集中于我的；我全神贯注地仅仅注视着你，从不把精神的视线移开，因为，你就是以从不间断的观看关怀着我；我的爱仅仅集中于你，因为，你作为慈爱就是集中于我的。这样，借助于模仿，我就能够提高接受你恩典的能力。

主啊，除了你充满爱意和甘饴慈爱地拥抱着我的那个怀抱之外，还有什么是我的生命呢？我极其热爱我的生命，因为你就是我生命的甘饴。如今，我注视着永恒生命的镜子，注视着它的肖像、它的画像，因为它无非就是那种幸福的观看。在那种观看中，你从不间断地、慈爱地关注着我，一直看到我灵魂的最深处。你的观看不是别的，就是赋予生命，就是不停地培植对你最甜美的爱，通过这种对爱的培植来激发我产生对你的爱，通过这种激发养育我，通过这种养育点燃我的希望，通过这种点燃以欢乐的甘露滋润我，通过这种滋润赋予我生命的泉源，通过这种赋予使我强大，使我永生，使我分享你的不朽，赐我以最高的、最伟大的天国永恒的荣耀，使我成为你那唯一的儿子拥有的那份遗产的分享者，立我为那永恒幸福的享有者。人们所能希冀的一切欢乐的源泉就在这种幸福之中，比它更好的东西不仅所有的人或者天使都不能设想出来，而且也不能以任何方式存在。因为它就是每一种希望那不可能更大的绝对极致。

五、何以观看就是品尝、寻觅、仁慈和创作

你为敬畏你的人所珍藏的甘饴是多么丰富啊，它就是那最令人心旷神怡的愉悦之无穷无尽的宝藏。品味你的这种甘饴，也就是以经验的凝聚在其本原中把握所有令人愉悦的事物之甘美，就是在你的智慧中接触所有令人希冀的事物之根据。因此，观看那作为一切事物根据的绝对根据，无非就是用精神品味你，因为，你就是那生命和理性的甘美和存在。

主啊，当你用慈爱的眼睛注视着我时，你的观看与被我观看又有什么不同？由于你观看我，你也就使自己被我观看。你这隐秘的上帝，没有人能够观看你，除非你使自己被人观看。观看你也无非就是你观看那观看你的人，我在你的这一肖像中看到，主啊，你是多么乐意把自己启示给所有寻觅你的人，因为你从未闭上眼睛，从未转向别的地方。

即使我在全神贯注于别的东西时离开了你而转向别处，你也依然既不转过眼睛也不移开目光。倘若你没有以你那恩惠的眼睛注视着我，这只是我自己的过错，因为，我由于转移注意力、集中精力于我所喜爱尤胜过你的其他东西而与你分离。即使如此，你也依然没有完全转移。相反，你的仁慈依然跟着我，看我是否在某个时候愿意返回到你那里，以便接受你的恩典。你没有注视我，乃是因为我没有注视你，而是拒绝了你、轻视你。啊，你这无限的慈爱，每一个离弃了你这生命的血脉的罪人都是多么不幸啊。他不是在你自己里面寻觅你，而是在自身只是虚无的东西里面寻觅你。若不是你把这些东西从虚无中召唤出来，什么东西也不会剩下。那寻觅你的人又是多么愚蠢啊。你就是善，当他寻觅你时，却离开了你，把眼睛从你那里移开了。因此，每一个寻觅者所寻觅的无非是善，每一个寻觅善却离开了你的人，也就离开了他所寻觅的东西。所以，每一个罪人都误入了歧途，越来越远地离开了你。

一旦他返回到你那里，你就毫不迟疑地迎向了他。还在他注视你之前，你就以父亲般的情感把仁慈的目光投向了他。你的仁慈无非就是你的观看。每一个人，在他整个生命历程中，无论他向那里行进，你的仁慈都伴随着他，就像你的目光从不离开任何人一样。因此，在人的整个生命历程中，你从不停顿地伴随着他，用甘美的、内心的敦促推动他，以便使他离开歧途，返回到你那里，从而幸福地生活。主啊，无论我走向哪里，你都是我旅途的伴侣，你的目光始终在我的上方，你的观看也就是你的推动；因此，你和我一起运动，只要我在运动，你就从不停止运动。当我休息的时候，你也与我在一起。当我上升时，你也上升；当我下降时，你也下降。

无论我转向何方，你都与我同在。即使在那窘迫的时刻，你也从不离弃我。每当我呼唤你的时候，你都在我的附近。呼唤你也就是我返回到你那里。你不会离弃那返回到你那里的人。倘若不是你事先就在，谁也不能返回到你那里。在我返回到你那里之前，你就已经在了。倘若不是你在并且激励我，我将完全不知道你，我又怎么返回到我并不知道的你那里呢？

你是我的上帝，你观看着一切事物，而你的观看也就是创作。你创作出一切；因此，主啊，我并不是为我们，不是为我们，而是为你那伟大之名，在这里也就是 theos，而歌颂那永恒的荣耀。除了你赐予的东西外，我一无所有。倘若你不维护那赐予我的东西，我也不能葆有它们。因此，你为我管理一切事物。你是赐予一切强大的、仁慈的主，你是管理一切的监管，你是预知者、关怀者和维护者。而这一切你都是在你那唯一的最单纯的直观中创作出的。你永远受到颂扬。

六、论面容的观看

主啊，我的上帝，我注视着你面容的时间越长，就越觉得，你把自己双目的视线更锐利地凝视着我。你的注视使我去思考，你的面容这一肖像究竟是怎样显得以仿佛是感性的方式描画出来的。因为，人们不能离开颜色来描画你的面容，颜色又不能离开数量。但是，我并不以正在注视着你这一肖像的肉体眼睛，而是以精神和理性的眼睛观看在这里限定的阴影中表现出来的、你的面容那不可见的真理。

你真实的面容摆脱了一切限定，也就是说，它既没有大小，也没有特性，既没有时间规定，也没有空间规定。它是绝对的形式，是各种面容的面容。因此，当我注意到那面容怎样是所有面容的真理和最切合的尺度时，我就惊奇。那面容是所有面容的真理，它没有大小。因此，它既不比任何一个面容更大，也不比任何一个面容更小，也不与任何一个面容同样大小，因为它没有大小，它是绝对的、超越一切的。所以，真理也就是相等，它摆脱了一切数量。于是我发现，主啊，你的面容超越了一切有形的面容，是一切面容的原本和真理。所有的面容都是你那不可限定、不可分有的面容的摹本，能够注视你的面容的任何面容，所看到的都不是别的，都不是与自身不同的东西，因为，它看到的是自己的真理。原本的真理不能是别的或者不同的东西。这样的东西属于摹本，这恰恰是因为摹本不是原本自身。

因此，就像当我从东边观察这描画出的面容时，我发觉它也同样在观察我，当我从西边或者南边观察它时，情况亦是如此，无论我怎样转动自己的面部，那面容都朝着我一样，你的面容也朝着所有注视着你的面容。因此，谁以充满爱意的面容注视着你，所发现的无非就是你的面容也在充满爱意地注视着他。他越尽力更加充满爱意地看着你，就会发现你的面容也同样越充满爱意。谁不乐意地看着你，就会发现你的面容也同样是不乐意的。谁高高兴兴地注视着你，就会发现你的面容也同样是高高兴兴的，正如他自己观看你的面容时一样。

就像肉体的眼睛在透过红色的玻璃看东西时，把看到的一切都判断为红色的，在透过绿色的玻璃看东西时把看到的一切都判断为绿色的一样，被限定和外在影响所蒙蔽的精神的眼睛，也是根据其限定和外在影响的本性来判断作为精神对象的你。人只能以人的方式作出判断，人在赋予你一种面容时，并不能在人的族类之外去寻找那种面容。因为，人的判断不能超出自己限定的束缚。这就好像，狮子赋予你面容就只能判断你是狮子状的，牛只能判断你是牛状的，鹰只能判断你是鹰状的一样。主啊，你的面容是多么奇妙啊，倘若年轻人设想它，就会把它想象为年轻的，成年人就会把它想象为成年的，老年人则会把它想象为老年的。

所有面容的这个唯一的、最真实的、最切合的原本，既是所有面容的原本，又是各个个别面容的原本，它的最完善的方式就是任何一个面容的原本，就好像它并不是其他任何面容的原本似的。即使有人能够设想它，他也必须超越所有那些有某种形式的面容之形式和一切形态。当他超越了一切面容，超越了所有面容的一切类同性和形态，超越了他关于面容所能形成的一切概念，超越了所有面容的一切颜色、特征和美时，他还怎么设想一个面容呢？因此，无论谁打算观看你的面容，只要他还设想某种东西，就离你的面容还很远。主啊，关于面容的任何概念都不及你的面容，能被设想的任何美都不及你的面容美。所有面容都具有美，但都不是美自身。但是，主啊，你的面容具有美，这种“具有”也就是“是”。你的面容就是绝对的美，是给予所有美的形式以存在的形式。

啊，这极其美妙的面容，所有能够注视它的人都不足以欣赏它的美。在所有的面容中，这个众面容的面容显得隐匿起来的和在谜团之中。但是，只要人们不超越一切面容进入某种玄奥隐秘的沉默之中，在这种沉默中不再有任何属于关于面容的知识和概念的东西，那么，它就不会显得毫无遮掩。这种迷茫、这种迷雾、这种幽冥，或者寻觅你面容的人若超越一切知识和概念就会陷入的这种无知，在它的笼罩下，你的面容只能被看作是隐匿起来的，但是，这种幽冥自身却揭示出，在这里你的面容是超越一切纱幕的。

这就好像是，当我们的眼睛试图观看那就是你面容的阳光时，它却发现阳光最初是隐匿在群星、颜色以及一切分有它的光的东西之中。当它试图毫无遮掩地直观阳光时，就超越了一切可见的光，因为，所有这样的光都不及它所寻求的那种光。但是，由于它力图观看一种它不能观看的光，它也知道，只要它看到某种东西，那就不是它所寻觅的东西。因此，它必须超越一切可见的光。但是，谁需要超越一切光，就必然会遇到某种没有任何可见的光、因而对于眼睛来说也就是幽冥的东西。当他处在那种迷茫的幽冥之中时，当他在此之后知道自己处于迷茫状态时，他也就知道自己接近了太阳的面容。因为，眼睛中的迷茫正是出自太阳的耀眼光芒。他知道的这种迷茫越严重，他也就越是真实地在迷茫中接近了不可见的光。

主啊，我看到，人们只能这样，而不能以其他方式毫无遮掩地接近你面容的那不可接近的光、那美、那耀眼的光芒。

七、观看面容的成果如何，怎样获得这种成果

主啊，你如今滋养着我灵魂的甘饴是如此之多，以致我的灵魂在任何情况下都不仅对它在这个世界上体验到的那些东西感到喜

悦，而且也对你所激发的那种类同性感到高兴。

主啊，由于你就是所有事物所出自的那种力量或本原，由于你的面容就是所有面容是其所是、所出自的那种力量和本原，于是，我注视着一棵高大挺拔的胡桃树，试图观看它的本原。我以感性的眼睛看到一棵高大挺拔、苍翠如滴、枝叶繁茂、果实硕硕的树。随即，我以精神的眼睛看到那棵在种子中的树，这并不是以我在此处观察这棵树所用的方式，而是就其可能性而言来观看的。我聚精会神地注意着那种子的奇妙能力，它里面包含着这整棵树、所有的果实、这些果实的所有种子的力量，以及这些果实的种子的能力所孕含所有的树。我看到，那种力量怎样在穹苍运行的任何一个时刻都不会被完全穷尽。但是，那种力量虽然是不可穷尽的，却是被限定的，因为它只有在胡桃的这个类中才具有这种能力。所以，我虽然在种子中看到了树，却只是在被限定的力量中看到的。主啊，我最终又思索那所有不同品种的树的种子被限定为某一品种的能力，在这些种子中，我看到了能力中的树。

因此，如果我要观看所有这些种子的能力的那种绝对能力，即作为能力赋予所有种子以能力的那个本原，我就必须超越一切可被认知和设想的种子能力，进入那种无知，在这里，根本不再有任何属于种子的能力或者生命力的东西。于是，在这种迷茫中我发现了那最令人目瞪口呆的能力，任何可思议的能力都不能接近它，这就是赋予一切种子和非种子的能力以存在的那个本原，也就是绝对的和超越一切的能力。因为它赋予任何一种种子的能力以这样的能力，这种能力就能力而言，包容了树以及在感性的树身上可发现的和产生于树的存在的一切。也就是说，那个本原和原因在自身中以包容和绝对的方式，包含着它作为原因赋予结果的一切。这样我就看到，那种能力是所有树之形貌的形貌，是任何一棵树的形貌和原本。在它里面，我看到的那棵胡桃树并不是如在其限定的种子能力之中的样子，而是如在那种子能力的原因和纯造者之中的样子。

因此，我把这棵树看作是种子能力的某种展开，把种子看作是那种全能的能力之展开。我看到，就像树在种子中并不是树而是种子的力量，那种种子的力量也就是树从中展开自身的东西，在树中找不到任何不是从种子的能力产生的东西一样，种子的能力在其原因中，即在各种能力的那种能力中，也不是种子的能力，而是绝对的能力。树在我的上帝你那里也就是我的上帝你，在你那里，它就是它自己的真理和原本。与此相同，树的种子在你那里也就是它自己的真理和原本。而你，上帝，则既是树的真理和原本，也是种子的真理和原本。那种受到限定的种子力量是类本性的力量，它被限定为一个类，仿佛是作为被限定的本原内在于这个类。但是你，我的上帝，是绝对的力量，因而也就是一切本性的本性。啊，上帝，你这是把我带到了那里啊。你让我看到，你绝对的面容也就是一切本性的本真面容，这种面容也就是一切存在的绝对本质，是一切可知的东西的艺术和知识。

因此，谁有幸观看你的面容，他就清楚明白地看到一切，没有任何东西对他来说是隐秘的。谁拥有你，他也就知道一切，拥有一切；谁观看你，他也就拥有一切。只有拥有你的人才能观看你；没有人能够接近你，因为你是不可接近的；没有人能够把握你，除非你把自己赐给他。

主啊，我并不配出现在你的视野里，我如何拥有你呢？由于无论以何种方式都不能接近你，我的演说又如何达到你呢？我如何要求得到你呢？由于你在一切事物里面就是一切事物，还有什么比要求你把自己赐予我还更荒唐呢？倘若你不同时把天与地以及天地之中的一切事物赐予我，你如何把自己赐予我呢？甚至，倘若你不把我赐予我自己，你如何把自己赐予我呢？当我沉浸在这种静观的沉默之中时，主啊，你在我的心灵深处回答我说：如果你属于你自己，则我就也属于你。

啊，我的主，你这所有甘饴的甜美，你把这交付给我的自由：只要我愿意，我就属于我自己；只要我不属于我自己，你就不属于我。你就这样要求我的自由：只要我不属于我自己，你就不会属于我。但由于你把这交付给我的自由，所以你就不是在要求我，而是在寄望于我。你盼我自己作出选择来属于我自己。因此，主啊，这件事取决于我，而不是取决于你。你并不限制自己那最高的善，而是极其慷慨地把它倾注在一切能接受它的人身上。这是因为，主啊，你就是你的善。

然而，主啊，倘若不是你教导我，我如何属于我自己呢？但是，你教导我：感性要听命于知性，知性要起主导作用。因此，当感性服务于知性时，我也就是属于我自己的。但是，主啊，没有你的指导，人们就不能拥有知性。你就是那道，是一切知性的根据。因此，我如今看到，如果我倾听你那不停息地在我里面发出声音、不间断地在我的知性中放射光芒的道，我就是属于我自己的，就是一个自由的人，而不是一个有罪的奴隶；你就是属于我的，你就把自己赐予我让我观看你的面容，我也就是安然无恙的。因此，永受赞颂的上帝,在你的赐予中,唯有你才能慰藉我的灵魂,激励它期望能够获得你、享有你,就像享有它自己的礼物和一切可期望的东西的无限宝藏一样。

八、何以上帝的观看就是爱、就是造就、就是阅读、就是在自身之中包含一切

主啊,我的心并没有歇息下来,因为,你的爱激起它产生这样的希冀:只有在你那里,我的心才能够歇息下来。

我开始叙述主的谕旨。你激发我去关注,何以你是我们的父亲。你的爱就是你的观看,你之为父亲,也就是你那慈父般地拥抱着我们所有人的观看,所以我们说你是我们的父亲。你既是所有人的父亲,又是每一个人的父亲,所以,每一个人都说你是我们的父亲。父爱既包括了所有的儿子,也包括了每一个儿子。一个父亲既爱所有的儿子,也爱每一个儿子,因为他既是所有儿子的父亲,也是每一个儿子的父亲。他如此爱众儿子中的任何一个,以致儿子们中的任何一个都会想,父亲偏爱自己胜过他的其他所有儿子。因此,既然你是父亲,并且是我们的父亲,我们也就是你的儿子。父爱超出了儿子的爱。只要我们这些儿子作为儿子注视着你,你就不会停止慈父般地注视着我们。因此,你是我们的父亲般的预见者,你父亲般地关怀着我们,你的观看也就是预见。假如我们这些你的儿子否认你这位父亲,我们也就不再是你的儿子。这并不是说我们此时是有自治能力的自由儿子,而是说,我们进入了一个异己的领域,把自己与你分离开来,屈从于一位与上帝你作对

的统治者的沉重奴役。但是，由于我们是你的儿子，而你就是自由本身，所以你赋予我们自由，你作为父亲也就因此而听任我们离去，根据堕落了的感官欲望浪费自己的自由和最佳的实体。但是，你并没有完全离开我们，而是从不间断地与我们同在，激励着我们，在我们里面发出声音，唤回我们，使我们回到你的身边。你时刻准备着，只要我们回到你的身边并且注视着你，你就仍像过去那样以父亲般的眼睛注视着我们。啊，仁慈的上帝，请你看着我，我痛心忏悔，从那猪狗不如、饥饿不堪的可怜的奴隶地位返回到你这里，以求无论如何都能够居住在你的房舍之中。

主啊，请你用自己的目光滋养我，请你教导我，你的目光是怎样观看那所有观看你的目光、所有可见的东西、所有观看的行动、所有观看的能力、所有可见的能力，以及所有由它们产生的观看，因为，你的观看也就是造就；你观看一切，因为你造就一切。主啊，请你教导我，你是如何以独一无二的直观同时并且逐一分辨一切事物的。当我打开一本书要阅读时，我看到的整页书是杂乱无章的。如果我要分辨个别的字母、音节和句子，我就必须按照顺序逐一地注意个别的东西。我只能按照前后顺序一个字母接一个字母、一句话接一句话、一段话接一段话地阅读。但是，主啊，你却是同时就注视着整页书，没有时间间隔地在阅读。假如我们中的两个人读同一本书，就会一个人读得快一些，另一个人读得慢一些。而你则是与这两个人同时一起阅读。似乎你是在时间中阅读的，因为你是与阅读者一起阅读的。但是，你是在时间之外同时观看和阅读一切的。你的观看也就是你的阅读，你超越时间间隔，从永恒中同时并且一下子就观看和阅读所有写出来的和能够写出的书。与此同时，你又与所有的阅读者一起按照顺序阅读。这并不意味着，你在永恒中阅读的是一种东西，在时间中与阅读者一起阅读的又是另一种东西。你阅读的乃是同一种东西，你是以同一种方式对待它的。因为，你并不是可变的，你是不变的永恒。但是，由于永恒并不排斥时间，它似乎是与时间一起运动的。在永恒中，就连运动也就是静止。

主啊，你具有眼睛并且观看。你就是眼睛，因为，你的“具有”也就是你的“是”。所以，你在自身里面观看着一切事物。假若在我这里就像在我的上帝你那里一样，视力也就是眼睛，那么，我也将在自身里面就观看着一切事物了。如果眼睛就像镜子一样，而一面镜子无论多么小，都能在自身中以影像的方式接受一座高山以及存在于这座山的表面上的一切事物，那么，在镜子似的眼睛中也就包含了一切事物的影像。然而，由于我们的视觉通过镜子似的眼睛只能逐一地观看它所注视的东西，由于它的力量只能个别地被一个对象限定，所以，它不能观看在眼睛的镜面上所接受的一切东西。但是，由于你的视力也就是眼睛，也就是有生命的镜子，它在自身中就观看着一切事物。甚至，由于它是一切可见之物的原因，所以，它是在一切事物的原因和根据中，即在它自身中包容和观看一切事物的。主啊，你的眼睛不用转动就能达到一切事物，而我们的眼睛则专注于一个对象，这恰恰是因为，我们的视力是从一个有一定大小的角度出发去观看的。但是，上帝啊，你的眼睛的角度是没有大小的。它是无限的，它就是圆形，甚至是无限的球形。因为你的视力就是球形的、无限完美的眼睛，所以，它同时观看着周围上上下下的一切事物。

啊，你的视力多么奇妙啊，对于所有探寻它的人来说，它就是theos，就是上帝；对于所有热爱它的人来说，它又多么美、多么可爱啊；对于所有离开了你的人来说，它又多么可怕啊。主啊，我的上帝，你用自己的目光赋予一切精神以活力，你使所有幸福的人都感到快乐，你驱走了一切愁云。因此，请你慈爱地注视着我吧，这会使我的灵魂感到幸福安宁。

九、何以普遍的东西同时就是个别的东西，通向上帝的观看之道路是怎样的

主啊，由于你同时注视着所有的事物和每一个别的事物，就像我看着的这幅画出的肖像所体现的那样，我由此受到启发，知道在你的目光中，普遍的东西是与个别的东西归于一致的。但是我注意到，我的想象力之所以未能把握这是如何发生的，乃是因为，我是在自己的目光中寻觅你的目光的，由于你的目光并不像我的目光那样被限定在一个视觉器官上，所以我的判断就产生了失误。

主啊，你的目光也就是你的本质。因此，如果我要考察人性，它在所有的人身上都是单纯的和唯一的，那么，我就在所有的人和每一个人身上去寻找它。尽管它自身既无所谓东方也无所谓西方，既无所谓南方也无所谓北方，但是，它在东方人身上就是东方的，在西方人身上就是西方的。同样，无论是运动还是静止都不属于人性的本质，但是，人性却与运动着的人一起运动，与静止的人一起静止，它也与站立不动的人同时、在同一时刻站立不动。因为无论人们运动还是不动，无论人们睡觉还是休息，人性都不会离开

人们。

因此，限定的人性这种本性在人之外是不能找到的。既然限定的人性尚且如此，即它在一个人身上并不多于在另一个人身上，它以完善的方式在一个人身上，就好像它根本不在其他人身上似的，那么，不被限定的人性自然就要更高得多。它是那种限定的本性的原本和理念，仿佛是限定的人性那种形式之形式和真理。因为，它从不能够离开在个人身上被限定的人性。事实上，它是赋予形式的本性以存在的那种形式。因此，若没有它，任何物类的形式都不能够存在，因为，后者不是从自身获得存在的，而是从那种由于自身而存在的形式得到存在的。在这种由于自身而存在的形式之前，并不存在另一种形式。因此，那种赋予物类以存在的形式乃是绝对的形式。上帝啊，你就是那种形式，你是穹苍和大地以及一切事物的塑造者。

因此，当我注意那限定的人性，并通过它注意那绝对的人性时，即当我在限定的东西中观看绝对的东西，在结果中观看原因，在影像中观看真理和原本时，我的上帝，你就迎向了我，就像是那所有人的原本，即自在的人，绝对的人。同样，当我在所有物类中注视它们形式的形式时，在所有这些东西中，你都作为理念和原本迎向了我。由于你是绝对的、最单纯的原本，所以，你不是由众多的原本复合而成的原本，而是唯一的、最单纯的、无限的原本，以致你既是所有的，也是每一个能够被塑造的东西之最真实、最等同的原本，你是所有本质的本质，你赋予所有限定的本质以它们的是其所是。因此，主啊，没有任何东西能够在你之外存在。既然你的本质渗透着一切事物，你的目光就也是如此，它就是你的本质。就像在所有存在着的东西中,没有任何东西能够回避你固有的存在一样,也没有任何东西能够回避你的本质。你的本质赋予一切事物以本质的存在。因此,也没有任何东西能够回避你的目光。主啊,你同时观看着所有的事物和每一个别的事物。你与所有运动着的事物一起运动,与所有站立不动的事物一起站立不动。由于总是有一些人在运动,另一些人站立不动,所以主啊,你同时既是站立不动的,又是运动着的;既是向前行进的,又是静止的。既然在彼此不同的事物中同时发现了在同一时刻的限定运动和静止,而又没有任何东西能够在你之外存在,那么,无论是运动还是静止就都不能在你之外存在。

主啊,你同时并且在同一时刻既与所有的事物又与每一个别的事物完全同在。但尽管如此,你却既不运动也不静止,因为你是超越一切的,摆脱了所有那些可以被概括和被称道的东西。因此,你既站立不动又向前行进,同时又既不站立不动又不向前行进。这副画出的面容就向我展示了这种情况。也就是说,如果我在运动,它的目光显得也在运动,因为它的目光从未离开我。假如在我运动的时候另一个也注视着这副面容的人站立不动,它的目光同样没有离开这个人,而是与这个站立不动的人一起站立不动。但是,在本真的意义上,却不能够说摆脱了这些考虑的那个面容站立不动或者运动,因为,它在最单纯和最绝对的无限性中超越了一切站立和运动。只是在这无限性之后才有运动、静止和对立,以及任何可以言说和概括的东西。

由此,我体验到,何以我必须进入那种幽冥,容忍超越了知性的一切理解力的那种对立面的一致,在不可能性迎面而立的地方寻觅真理。在这种不可能性之上，在任何哪怕最高的理性升华之上，当我达到了对任何理性认识而言都是未知的、任何理性都断言它与真理毫不相干的东西时，我的上帝，你就在那里，你就是绝对的必然性。这种幽冥的不可能性越是被认识为幽冥的和不可能的，必然性就越是真实地大放光芒，就越是不被遮掩，就越是可以接近。

因此，我的上帝，我感谢你，因为你使我看到，只有唯一的道路可以接近你，在所有的人看来，甚至在最博学的哲学家们看来，这条路都是不可行走和不可能的；你向我指出，除了在不可能性拦住去路迎面而立的地方，在任何地方都不能够观看你。主啊，你这强者的营养，你给我勇气，使我极力把不可能性与必然性一致起来，我发现了可以明白无误地找到你的地方。它为对立面的一致所环绕，这就是你所居住的天堂的围墙，最深刻的知性精神把守着它的大门。如果不战胜它，入口就不会启开。在对立面的一致这堵围墙的彼岸，我们可以观看你，在它的此岸却无论如何也不行。

因此，主啊，既然在你的目光中不可能性就是必然性，那么，没有任何东西是你目光不能观看的。

十、何以人们是在对立面一致的彼岸观看上帝的，何以观看就是存在

我的上帝，我站在你面容的肖像前，以感性的眼睛观察它，并努力以内在的眼睛直观画中所体现的真理。主啊，我不禁觉得，你的目光在讲话。你的讲话无非就是你的观看，因为，这二者在你那

里事实上没有区别，你就是绝对的单纯性。

于是，我清楚地体验到，你同时既观看着所有的事物，又观看着每一个别的事物，因为我在布道时，就是同时既对所有聚在一起的教徒又对这些教徒中的每一个人讲话的。我是以同一个道讲话的，我在这个唯一的道中向每一个别的人讲话。对我而言，是所有这些教徒，对你而言，就是这整个世界以及所有存在着的和能够存在的个别造物。于是，你对所有个别的人讲话，你又观看着那些你对之讲话的人。

主啊，你是那些对你寄予希望的人们的最终慰藉，你激励着我从自身出发来颂扬你。因为你如你所愿地赋予我一个面容，这个面容被所有我对之讲话的人们个别地并且同时地观看。这样，我唯一的面容就被所有个别的人所观看，我单一的讲话就完整地被所有个别的人所倾听。尽管如此，我并不能同时分别地倾听所有讲话的人，而是只能一个接着一个地倾听。我也不能同时分别地观看所有的人，而是只能一个接着一个地观看。但是，主啊，你是最高的能力，如果我能够像你那样拥有如此大的力量，以致能够把被听与倾听归于一致，同样把被看与观看归于一致，从而把讲话和倾听归于一致，那么，我就能够同时倾听和观看所有人和每一个别的人，就像我同时对所有个别的人讲话一样，在我讲话的同一时刻观看所有人和每一个别的人的反应。

这样，主啊，我开始站在天使把守的对立面之一致的大门旁，站在天堂的入口处来观看你，因为，你就在那讲话、观看、品味、触摸、知性认识、理性认识都是一回事的地方，就在那观看与被观看、倾听与被倾听、品味与被品味、触摸与被触摸、讲话与倾听、创造与

讲话都归于一致的地方。假如我就像我所能见的那样去观看，我就不是被造物了。上帝啊，假如你并非像你所能见的那样去观看，你就不是全能的上帝了。从所有的被造物出发来看，你都是能见的，并且观看着一切事物。因为，正是由于你观看一切事物，你才被一切事物所观看。被造物不可能以其他方式存在，因为，它们是借助你的观看存在的。假如它们不观看正在观看它们的你，它们就不能从你那里接受存在。被造物的存在也就是你的观看，同时也是你的被观看。你以你的道向所有存在着的事物讲话，并且呼唤不存在的事物达到存在，因而也就是呼唤它们倾听你。当它们倾听你时，它们也就存在了。因此，当你讲话时，你是对所有的事物讲话的，你对之讲话的一切事物都倾听你。你对大地讲话，呼唤它达到人的本性，大地倾听你，它的这种倾听也就是成为人。你对无讲话，仿佛无就是某物似的，你呼唤它成为某物，无也就倾听你，它过去所是的东西也就成为某物。

啊，你这无限的力量，你的设想也就是你的话语。你设想天空，天空也就如你设想的那样存在。你设想大地，大地也就如你设想的那样存在。当你设想时，你也就是在讲话、观看、操作，以及做着人们所能言说的一切事情。

我的上帝，你是多么奇妙啊。你是一起讲话的、一起设想的，何以不是所有的事物同时出现，而是众多的事物前后相继出现呢？何以从唯一的设想产生出如此相互不同的事物呢？我站在入口的门槛处，你向我显示，你的设想是最单纯的永恒本身。没有任何事物能够在最单纯的永恒之后产生。因此，无限的绵延作为永恒自身包含了所有的前后相继。任何在前后相继中显现给我们的东西，都绝不是在你设想之后的，因为你的设想就是永恒，你那唯一的设想也就是你的道，它包含了所有事物和每一个别的事物。你永恒的道既不能是复合的，也不能是有差别的，既不能是可变的，也不能是可动的，因为它是单纯的永恒。

主啊，这样我就看到，没有任何事物是在你的设想之后的。毋宁说，一切事物之所以存在，乃是因为你设想了它们。但是，你是在永恒中设想的。永恒之中的前后相继不是前后相继，而是永恒本身；它就是你的道，就是我们的主、上帝。你设想某种在时间中显现给我们的事物，并不先于它的存在。你在永恒中设想，在永恒中，一切时间中的前后相继都在永恒的同一个现在中归于一致。因此，在将来，过去与现在归于一致的地方，没有任何东西是将来的和过去的。但是，这个世界上的事物确实是按照先后序列存在的。而这正是因为你并没有在事先就设想这些事物应该如此存在。如果你在事先就这样设想，它们就都是事先存在的了。

谁人在设想中能够出现先和后，以致他可以设想一事物先存在，另一事物后存在，那么，他就不是全能的。由于你是全能的上帝，你居住在天堂的围墙之内，而这道围墙也就是那种一致，在它里面，先与后归于一致，终结与开端归于一致，阿尔法与亚米茄也是一回事。因此，之所以经常有事物存在，乃是因为你说它们应该存在。它们不是事先就已存在，因为你并没有事先就设想过。当我读到亚当生存于多少年前，而今天又有这样一个亚当出生时，显然亚当不可能在当时存在，乃是因为你当时希望这样；他同样于今天出生，乃是因为你现在希望这样；尽管如此，你却没有事先就希望这个亚当在今天降生。然而，显得不可能的东西，正是必然性自身。因为，现在和当时都是在你的道之后的。因此，它们与追求你的人相遇，都是在围绕着你所居住的天堂这个地方的围墙之内。现在和当时在天堂的围墙范围之内是归于一致的。我的上帝，你确实存在于现在和当时的彼岸，并在那里讲话，你是绝对的永恒。

十一、何以在上帝那里前后相继显得没有前后相继

我的上帝，我体验到你的善，它不仅没有鄙视我这个低贱的罪人，反而以某种希冀慈爱地滋养着我。

你使我获得关于你那属灵的道，或者设想的统一性，和它在前后相继地显现出来的事物中的歧异性的类比。最完善的时钟的单纯设想引导着我，使我更明确地去观看你的设想和道。时钟的单纯设想包含了一切时间中的前后相继。假定时钟就是它的设想。我们纵然听到六点钟的钟鸣先于听到七点钟的钟鸣，但除非是那设想发出指令，否则就不能听到七点钟的钟鸣。在这一设想中，六点钟并不先于七点钟或者八点钟。毋宁说，在时钟这唯一的设想中，没有任何一个钟点先于或者迟于另一个钟点，虽然时钟只有在那设想发出指令时才会鸣响报出一个钟点。当我们听到钟鸣六点时，就说时钟之所以鸣六响，乃是因为大师的设想希望如此，这也是对的。由于上帝的设想中的时钟就是设想自身，从而也就显示出来，何以时钟里面的前后相继在上帝的道或者设想中就没有前后相继。在那个最单纯的设想中，包含着所有的运动和钟鸣，以及我们在前后相继中所经验到的一切。

所有那些前后相继地产生的事物，并不是以某种方式从那设想中产生出来，而是那设想的展开，从而也就是那设想赋予所有的事物以存在。所以，没有任何事物先于自己的产生，因为，之前并没有它应该存在的那个设想。时钟的设想仿佛就是永恒自身，而时钟里面的运动则是前后相继。因此，永恒包容着前后相继，并把它展开，因为时钟的设想就是永恒，它包容一切，同时也展开一切。我的上帝，永受赞颂的主，你用类比的乳汁滋养我，抚育我，直到你能够给予我坚硬的食物。主啊，上帝，请你引导我通过这些小道走向你，因为，如果你不引导我，我就会由于堕落的本性和环绕我的世界的脆弱而不能坚持在正确的道路上。

主啊，出自对你帮助的信赖，我重新返回，在包容和展开的一致这堵围墙的彼岸观看你。当我通过你的道和设想的入口进进出出时，发现了最甜美的食粮。当我发现你是包容一切事物的能力时，我就是在进入；当我发现你是展开一切事物的能力时，我就是在走出；当我发现你同时既是包容一切事物的能力，又是展开一切事物的能力时，我就同时既是在进入又是在走出。我从被造物出发进入，走向你这个创造者；从结果出发进入，走向你这个原因。我从你这个创造者走出达到被造物，从你这个原因走出达到结果，当我看到走出同时就是进入，进入同时就是走出时，我就同时既是在进入又是在走出。

无论谁计数，他都是同时既在包容又在展开。他展开一元的能力，把数字包容进一元。被造物从你走出，也就是进入被造；展开也就是包容。上帝啊，当我在对立面的一致这堵围墙所环绕的天堂中观看你时，我看到你既不包容也不展开，既不做分离也不作结合，因为，分离和结合同样都是一致这堵围墙。你存在于这堵围墙的彼岸，摆脱了一切或者可以言说或者可以思想的东西。

十二、不可见者在哪里被观看，不被创造者又在哪里被创造

主啊，有时你让我觉得，你对所有的被造物而言都是不可见的，因为，你是隐秘的、无限的上帝，而无限是以任何理解方式都不能理解的。之后你又让我觉得，你对一切事物而言又都是可见的，因为，一个事物之所以存在，乃是由于你观看它。如果你不观看它，它就不会现实地存在。你的观看赋予它存在，因为，观看就是你的本质。因此，我的上帝，你同时既是不可见的又是可见的。你是不可见的，如同你存在一样；你是可见的，如同被造物存在一样。被造物之所以存在，乃是因为你观看它。因此，我的不可见的上帝，你被所有的事物观看，在所有的目光中被观看，被所有的观看者在所有的可见物中以所有的观看行动来观看。你又是不可见的，你摆脱了所有这些东西，无限地超越一切。因此，主啊，我必须超越不可见的观看那堵围墙，在那里才可以发现你。这堵围墙同时是一切事物又不是任何事物。你让我觉得，仿佛你同时是一切事物，又不是它们中的任何一个。你居住在那堵围墙之内，这堵围墙是任何天才都不能凭借自己的能力攀越的。

有时你让我觉得，我可以猜想你在自身中观看一切事物，就像一面有生命的镜子，在自身中反映出一切事物。由于你的观看就是认知，所以，你让我觉得，你并非像一面有生命的镜子那样在自

身中观看一切事物，因为这样的话，你的知识就会是来源于事物的。之后你又让我觉得，你在自身中观看一切事物，仿佛就是直观自己的能力，就像树的种子的能力在直观自己的时候观看到能力中的树一样，因为，种子的能力就能力而言也就是树。之后你又让我觉得你并不像能力那样观看自己，并在自身中观看一切事物，因为，在能力的潜能中观看树，并不同于用来现实地观看树的观看。最后我发现，你无限的力量怎样超越了镜子和种子的能力，同样也超越了放射光芒与反射光芒的一致原因与结果的一致。这种绝对的能力也就是绝对的观看，它也就是完善化，它超越了一切观看的方式，一切解释观看的那种完善化的方式都不以任何方式地就是你的观看，我的上帝，那也就是你的本质。

但是，最仁慈的主啊，请允许我这低贱的造物继续对你述说。既然你的观看也就是你的创造，而你所观看的也无非就是你自己，既然你就是你自己的对象，你既是观看者，又是可见者，又是观看；那么，你是怎样创造不同于你的东西呢？你似乎是在创造你自己，如同你观看你自己一样。但是，我的精神生命啊，由于并且当那悖论之墙，即创造与被创造的一致之墙阻挡着我，似乎创造与被创造不可能归于一致的时候，是你给我勇气。似乎承认这一点就是肯定事物在它能存在之前就存在，在它被创造时就存在，而它不存在乃是因为它被创造；然而这并不背理，因为，你的创造就是你的存在，同时既创造又被创造不是别的，正是把你的存在传递给一切事物，以致你在一切事物里面就是一切事物，但尽管如此又依然摆脱了一切事物。呼唤不存在的事物达到存在，也就是把存在传递给无，所以呼唤就是创造，传递就是被创造。绝对而又无限的上帝啊，你就在这创造与被创造的一致的彼岸，尽管你就是存在着的一事物，但你却既不是进行创造的，也不是可创造的。

啊，你这丰富的宝藏，你是多么不可理解啊。只要我还设想一个进行创造的造物主，我就还处在天堂围墙的这一边。一旦我设想一个可创造的造物主，即使我还没有进入围墙，但已经处在围墙之上了。但是，如果我把你看作是绝对的无限性，无论是进行创造的造物主这个名称，还是可创造的造物主这个名称都不适合你，我就开始毫无遮掩地注视着你了，并且也就进入了愉悦的境地。因为，你绝不是这样一种或者可以言说或者可以设想的东西，而是无限地超越了一切这样的东西。因此，尽管离开了你任何东西都不会产生或者不能产生，但你也不是造物主，而是比造物主还无限地更多。在无限的世代中，赞颂和荣耀永远属于你。

十三、何以上帝被看作是绝对的无限

主啊，上帝，你这寻觅你的人们的赞助者，我在天堂的园子中观看你，但却不知道自己看到了什么，因为我没看到任何可见的东西。我所知道的仅仅是，我知道自己既不知道也永远不能知道自己看到了什么。我不知道怎样称道你，因为我并不知道你是什么。

即使有人告诉我，可以用这个或者那个名称称道你，但也正是因为他称道你，我知道这并不是你的名字。那堵围墙就是各种名称的任何一种表述方式的界限，我是在它的彼岸观看你的。即使有人说出某个可以用来设想你的概念，我也知道那个概念并不是你的概念，因为任何概念都被限制在天堂的那堵围墙处。即使有人举出某种类比，并且说可以根据它来设想你，我也同样知道那个类比并不适用于你。因此，即使有人讲述一种关于你的理性认识，想提供一种能够理性地认识你的方式，它也是远远及不上你的。你被一堵最高的围墙同这一切分离开来了，这堵围墙也把一切可以言说或者可以思想的东西同你分离开来了，因为你摆脱了一切可以归入任何一个概念的东西。

当我尽可能高地上升时，我就看到你是那无限。因此，你是不可接近、不可理解、不可称道、不可复现和不可见的。追求你的人必须超越一切界限、一切终端、一切有限的东西。但是，你就是他所追求的终端，假如他必须超越终端，他怎样才能到达你那里呢？他超越了终端，岂不就进入了无规定、杂乱无章的东西之中，因而就理性而言，也就是进入了那具有理性的混乱的无知和幽冥之中了吗？因此，理性如果想观看你，就必须成为无知的，就必须被置于幽冥之中。但是，我的上帝，这种理性和无知究竟是什么呢？难道不是有学识的无知吗？因此，上帝啊，你就是无限，只有那种其理性就是无知的人，即只有那种知道自己对你无知、知道因为你是无限所以不能把握你的人，才能接近你。理性地认识无限，也就是理解不可理解者。由于理性知道，除非不可知的东西可以被认知，不可见的东西可以被观看，不可接近的东西可以被接近，否则你就是不能被认识的，所以，它知道自己对你无知。

我的上帝，你就是那绝对的无限自身。我把你看作是无限的终端。但是，我不能理解，何以这个终端是没有终端的终端。上帝啊，你就是你自己的终端，因为，你就是你所具有的任何东西。如果你具有一个终端，你就是那个终端。因此，你是无限的终端，因为，你就是你自己的终端，因为，你的终端就是你的本质。终端的本质是不能在某种不同于终端的东西中被限制和终结的，但它可以在自身中被限制和终结。因此，那就是自己终端的终端也就是无限的。所有不是自己终端的终端都是有限的。主啊，由于你就是终结一切事物的终端，所以，你所是的终端自身并没有终端，因而你也就是没有终端的终端，或者无限的终端。这是任何知性都不能把握的，它包含着一种自相矛盾。因此，既然我宣称存在着无限的东西，所以我也承认幽冥即光、无知即有知、不可能的东西即必然的东西。由于我们承认存在着一个有限事物的终端，所以我们也必然承认无限者或者最终的终端，或者没有终端的终端。但是，我们不能不承认有限的存在物，所以，我们也不能不承认无限者。因此，我们承认矛盾各方的一致，无限者就在它之上。那种一致就是没有矛盾的矛盾，就像那没有终端的终端。

主啊，你告诉我，就像统一之中的歧异没有歧异，因为它就是统一一样，无限之中的矛盾也没有矛盾，因为它就是无限。无限就是单纯自身。矛盾并不是没有变异的，但单纯之中的变异却是没有变异的，因为它就是单纯。关于绝对的单纯所说的一切都与单纯自身一致，因为在这里有就是存在。对立面的对立就是没有对立的对立，就像有限事物的终端就是没有终端的终端一样。因此，上帝啊，你就是对立面的对立，因为你是无限的；而由于你是无限的，你也就是无限自身。在无限中，对立面的对立是没有对立的。主啊，我的上帝，你这弱者们的力量，我看到，你就是那无限自身。因此，没有任何东西与你不同，既没有与你不同的东西，也没有与你对立的东西。无限不能容忍变异，这是因为，由于它是无限，所以没有任何东西存在于它之外。绝对的无限囊括了一切事物,包含着一切事物。因此,假如有一个无限,在它之外还有某物存在,那么,就既不存在无限也不存在某物,因为,无限既不能更大也不能更小。

因此,没有任何事物存在于无限之外。假如无限不在自身中包括了一切存在,它就不是无限了。假如没有无限,那就既没有终端、没有它物,也没有不同的东西。离开了终端和界限的差异,它们就不能存在。如果取消了无限者,那就什么也剩不下了。因此,有一个无限,它包含着一切事物,没有任何事物存在于它之外,故而也没有任何与它不同或者有区别的东西。因此,无限如此是一切事物,以致它并不是一切事物中的任何一个。任何名称都不能符合无限,因为,任何名称都可以有一个对立面。但是,没有任何东西能够是不可称道的无限的对立面。无限既不是一个与部分对立的整体,也不能是部分。无限既不是大的也不是小的,也不是天上或者地上的所有可以被称道的事物中的某一个,无限超越了所有这一切东西。

无限既不比任何东西大,也不比任何东西小;也不与任何东西相等。当我考虑到无限既不比任何可以被给予的东西大,也不比任何可以被给予的东西小时,我就说,它是一切事物的尺度,因为,它既不更大也不更小。因此,我把它理解为存在的相等,但这种相等也就是无限。因此,它并不是以有一个不等物与相等对立的方式为相等的;毋宁说,在这里不相等就是相等。无限中的不相等是没有不相等的,因为它就是无限。在无限中,相等也就是无限。无限的相等就是没有终端的终端。尽管无限既不更大也不更小,但它却并不因此就以限定的相等被把握的方式为相等；毋宁说，它是无限的相等，更大和更小都不能把握它。因此，它与一事物相等并不胜于它与另一事物相等。毋宁说，它与一事物如此相等，以致它与所有的事物都相等；它与所有的事物如此相等，以致它不与所有的事物中的任何一事物相等。无限者是不能被限定的，它永远是绝对的。如果它能够从无限被限定，它就不再是无限者了。因此，尽管它不与任何事物不相等，它也不能被限定为有限物的相等。无论是更大还是更小都不符合无限者，不相等怎么可以符合无限者呢？因此，相对于一个给定的东西来说，无限者既不是更大的，也不是更小的，也不是相等的。它之所以不与一个有限物相等，乃是由于它超越了任何有限的东西。它是由于自身而存在的。因此，无限者是完全绝对的和不可限定的。

主啊，你多么高超啊，你超越了一切事物。同时你又多么谦和啊，因为你就在一切事物之中。假如无限者可以被限定为某种可称道的东西，例如线、面或者体，那么，它就会招引来可以把它限定成的某种东西。所以，无限者在自身中包含了可以被限定的存在，因为，它不是被限定为某物，而是招引来某物。假如我说无限者被限定为线，就像我说无限的线时一样，那么，线就被招引入无限者之中，因为，当线没有量和终端时，线也就不再是线了。无限的线不是线，相反，无限中的线就是无限。就像不能给无限者附加任何东西一样，也不能把无限者限定为某种东西，以致使它成为与无限者不同的某种东西。无限的善不是善，而是无限。无限的量也不是量，而是无限。对于一切事物来说都是如此。

伟大的上帝啊，你的大就是没有终端的。因此，我把你看作是一切事物的不可度量的尺度，从而也是一切事物的无限终端。因此，主啊，作为无限者你是没有开端和终端的。你是没有开端的开端没有终端的终端；你是没有终端的开端、没有开端的终端。你如此是开端，以致你也是终端；你如此是终端，以致你也是开端。你既不是开端也不是终端，而是超越了开端和终端。你是永受赞颂的绝对的无限自身。

十四、何以上帝没有歧异地包容着一切事物

主啊，从你那无限的仁慈出发，我把你看作是包容着一切事物的无限。因此，没有任何事物存在于你之外，在你里面的一切事物都不是与你不同的某种东西。

主啊，你教导我，何以在你里面并不存在的歧异——即使它自身——也既不存在又不能存在。在你里面并不存在的歧异并不能使一个被造物不同于另一个被造物，尽管一个被造物并不是另一个被造物。既然天并不是地，那么，正确的说法应该是，天就是天，地就是地。因此，如果我要寻找歧异，但它既不在你里面也不在你之外，那么，我在哪里能够找到它呢？如果它并不存在，那么，地又怎么能是一种不同于天的被造物呢？没有歧异，就无法设想这一点。但是，主啊，你在我里面说话，你说歧异并没有一个积极的本原，所以它并不存在。因为，除非歧异自己成为本原和无限，否则它怎么可能没有本原而存在呢？因此，歧异并不是存在的本原，它的概念来自于非存在。由于一事物并不是另一事物，所以人们就

说“它物”。因此，歧异并不能是存在的本原，因为它的概念来自于非存在。它也不具有存在的本原，它产生自非存在。所以，歧异并不是某物。但是，天之所以不是地，乃是因为，天并不是包容着一切存在的无限自身。

此外，由于无限是绝对的无限，从中可以得出，一事物不能是另一事物。就像苏格拉底（Socrates）的存在包含着苏格拉底的全部存在一样，在苏格拉底这一单纯的存在中，没有任何歧异和差别，因为苏格拉底的存在就是存在于苏格拉底之中的一切东西之不可分割的统一。因此，在这个唯一的存在中，也就是说，在这个不可分割的单纯性中，包容着存在于苏格拉底之中一切东西的存在，在这里找不到任何不同的或者有差别的东西。但是，一切具有苏格拉底的存在的东西都存在于这个唯一的存在之中，并在其中得到解释。在它之外，这些东西既不存在也不能存在，尽管在这种情况下，在这个最单纯的存在中，眼睛仍然不是耳朵，头仍然不是心，视觉仍然不是听觉，感觉仍然不是知性。这并不是出自歧异的某种本原，毋宁说，即使肯定苏格拉底最单纯的存在，也可以看出头不是脚，因为，头并不是苏格拉底最单纯的存在。所以，头的存在并不包括苏格拉底的整个存在。主啊，我把你看作是光照者，你使我看到，由于苏格拉底的单纯存在完全不能传递给或者被限定为任何一个肢体的存在，所以一个肢体的存在就不是另一个肢体的存在。毋宁说，苏格拉底那个单纯的存在也就是苏格拉底全部肢体的存在。在这一存在里面，任何存在的歧异和产生自各肢体的歧异都是单纯的统一，就像在整体的形式中各部分形式多样性就是统一一样。

然而，上帝啊，你的存在与所有存在着的事物的关系则是另一回事。你的存在绝对是无限，我说绝对，乃是指，你的存在是一切限定形式之绝对的存在形式。因此，苏格拉底的手一旦从苏格拉底身上截下，虽然在截下之后它就不再是苏格拉底的手了，但尽管如此它还总是处在某种存在之中。之所以如此，乃是因为那赋予手以存在的苏格拉底的形式所赋予的，并不是绝对的存在，而是一种限定的存在，即苏格拉底的存在。手的存在是可以与这种存在分离开来的。虽然如此，它仍然可以在另一种形式下继续存在。但是，如果有朝一日手被与非限定的存在，即无限的、绝对的存在，完全分离开来，它就根本不再存在了，因为，它在这种情况下被与一切存在都分离开来了。

主啊，我的上帝，我感谢你，你就我所能理解的充分地向我显示，何以你是那以最单纯的能力包容着一切事物之存在的无限自身。只有当这种能力无限地统一之时，它才能是无限的，因为统一的能力更为强大。因此，什么样的能力能够如此统一，以致它不能被更加统一，这种能力就是无限的、全能的。上帝啊，你就是全能的，因为你就是绝对的单纯，是绝对的无限。

十五、何以现实的无限就是统一，在其中影像就是真理

请你继续容忍你的奴仆吧，倘若不是你如此大度地允许他向你，他的上帝述说，他就确实是显得不智了。

我在这幅画出的面容中观看无限的影像，因为，它的目光就对

象和视野而言是没有限制的，因而也就是无限的。虽然它的目光在自身中是有限的，即它显得被某个注视者所规定，因为，它如此确定地注视着某个观看它的人，就好像它只看着这个人而不看别的东西似的，但是，它注视一个观看它的人并不多于注视另一个观看它的人。因此，主啊，在我看来，你就好像是绝对的和无限的能存在，它可以借助任何一种形式被塑造和被规定。所以我们说，质料的可塑潜能是无限的，因为，它从来不能被完全限定。

但是，你这无限的光在我里面回答说，绝对的潜能就是无限自身，它就在一致的围墙彼岸。在它里面，能生成与能创制归于一致，潜能与现实归于一致。即使原初质料也处在能获得无限多的形式的潜能中，但它在现实中并不能具有这些形式。毋宁说，它的潜能是由一种形式规定的。如果这种形式被取消了，它的潜能就由另一种形式来规定。因此，如果质料的能存在与现实归于一致，那么，它就会如此是潜能，以致它也是现实；它就会如此处于能够获得无限多的形式之潜能中，以致它在现实中能够被无限制地塑造。

但是，尽管如此，无限在现实中是没有歧异的。倘若它不是统一，它就不能是无限。因此，在现实中不可能有无限多的形式。相反，现实的无限就是统一。因此，上帝啊，你就是无限自身，是唯一的上帝，在你里面我看到一切能存在和现实的存在，因为，摆脱了一切被限定为原初质料或者消极潜能的能就是绝对的存在。凡是包含在无限的存在之中的东西，就是最单纯的无限存在自身。因此，在无限的存在之中的“能是一切”，就是无限的存在自身，同样，在无限的存在之中的“现实地是一切”，也是无限的存在自身。所以，绝对的能存在与绝对现实存在在我的上帝你那里无非就是你自己，即我的无限的上帝；任何能存在也都是你，即我的上帝。原初质料的能存在不是绝对的能，因此，它不能被用作绝对者的代名词。原初质料并不像我的上帝你那样在现实中就是能够存在的一切。原初质料的能存在是质料性的，因而也就是限定的，不是绝对的。同样，与感性相关和与知性相关的能存在也是限定的。然而，完全不受限定的能存在却是直截了当地与绝对者，即与无限者归于一致的。

因此，主啊，有时我觉得你就好像是原初的有形式的质料，因为，你接受了任何一个观看你的人的形式。此时，你使我升华，使我看到何以观看你的人并没有赋予你形式，而是在你里面观看他自己，因为，是他从你那里接受了他所是的一切。因此，你从观看你的人那里接受的是你给予的东西，仿佛你就是一面有生命的永恒之镜，是一切形式的形式。当一个人观看这面镜子时，他就在一切形式的形式中，即在这面镜子中看到了他自己的形式。他断定，他在这面镜子中看到的是他自己形式的影像，因为在一面制作精致的物质性镜子中就是这样。然而，相反的说法也同样是真实的，因为他在这面永恒之镜中看到的不是影像，而是真理，而观看者则是真理的影像。因此，我的上帝，影像在你里面就是存在着的和能够存在的一切事物和每一个别事物的真理和原本。

啊，上帝，你让所有的精神都感到惊异。有时你仿佛是阴影，但你却是光。因为，当我看到你画像的目光如何显得伴着我的运动而运动，你的面容也由于我在运动而显得在运动时，我觉得你仿佛就是那伴随着移动者运动的阴影。但是，由于我是有生命的阴影，而你则是真理，我是从阴影这运动出发作出真理在这运动的判断的。因此，我的上帝，你如此是阴影，以致你就是真理；你如此是我和任何一个人的影像，以致你就是原本。

主啊，上帝，你这心灵的明灯。我的面容是真实的面容，因为是作为真理的你把它赋予我的；我的面容又是影像，因为，它并不是真理自身，而是绝对真理的影像。因此，我在自己的概念中包含了我面容的真理和影像。我在它里面看到影像与面容的真理如此归于一致，以致我的面容在多大程度上是影像，它就在多大程度上是真实的。主啊，然后你又向我指出，你的面容何以根据我的面容的运动既是运动的，又是不动的。它是运动的，因为，它从未离开我的面容这真理；它是不动的，因为，它并不追随影像的运动。

就像你的面容不曾离开我的面容的真理一样，它也不曾追随可变的影像运动。绝对的真理就是不可变性。我面容的真理是可变的，因为它如此是真理，以致它就是影像。而你的真理却是不可变的，因为它如此是影像，以致它就是真理。绝对的真理不可能离开我面容的真理，因为，如果绝对的真理离开了它，我的面容自身，即可变的真理，就不能再维持存在了。

因此，我的上帝，你由于你那无限的善而显得是可变的，因为，你不曾离开可变的被造物。但由于你是绝对的善，故此你并不是可变的，因为，你并不服从可变性。

啊，你这不可言说的仁慈，你把你自己启示给注视着你的人，仿佛你是从他那里获取存在似的。你使自己去适应他，以致你越显得与他类同，他就越热爱你。因为，我们不可能憎恶我们自己，我们热爱我们的存在所分有和伴随的一切，并且珍视与我们类同的一切。由于我们是在影像中呈现自身的，所以，我们也在这影像中热爱我们自己。

上帝啊，你从你那无限仁慈的谦和中把自己启示给我们这些被造物，以致你如此把我们吸引到你那里，因为你是以一切可能的能够吸引自由的理性造物之方式把我们吸引到你那里的。上帝啊，在你那里被创造与创造是归于一致的，因为，显然是由你创造的那种类同性就是创造我的那种真理，以致我至少应该意识到，我在多大程度上对你负有义务，因为在你那里，被爱与爱是归于一致的。也就是说，如果我在看到你把我当作你自己的造物和影像来疼爱时，应该在我的类同者你那里热爱我自己，并对此负有义务，那么，父亲怎么可能不热爱自己那如此是儿子，以致他就是父亲自身的儿子呢？如果就确认来说就是儿子，对认识来说就是父亲的人，就已经很值得爱，那么，就确认来说你超过了儿子，对认识来说你超过了父亲，你岂不是最值得热爱的吗？上帝啊，你希望儿子们的爱建立在确认之中，希望被确认为与儿子类同，被认识为比父亲更亲密，因为，你就是那把儿子的心和父亲的爱都包容在自身之中的爱。因此，我的上帝，你就是我永受赞颂而最甜美的爱。

十六、何以如果上帝不是无限的，他就不能是追求的目的

火不会停止发出光辉，被引向你的爱也不会停止追求。上帝啊，你就是一切值得追求的东西的形式，是在一切追求中被追求的那真理。

这是因为，我开始从你那如蜜一般的赐予中品味你那不可把握的甘美。它对我显得越是无限，我就越是高兴。我看到，上帝，你因此而对一切被造物来说都是未知的，以致它们在这种最神圣的无知中，仿佛是在数不清的、无穷无尽的宝藏中似的，从而得到更大的安宁，因为，谁发现了这样一个宝藏，并且知道这个宝藏是完全数不清的、无穷无尽的，他所满怀的那种喜悦，就要比发现了一个数得清的和有限的宝藏的人大得多。对你这种伟大神圣的无知是我理性最期望的食粮。当我发现这样的宝藏在我自己的田地里，以致这宝藏就是属于我时，就更是如此了。啊，你这所有财富的源泉，你希望被包容在我的财产之中，但又保持为不可包容的和无限的，因为，你是任何人都不能追求其终结的那种愉悦的宝藏。追求怎么能去追求自己不再存在呢？我们的意志无论是追求存在，还是追求不存在，追求本身都不会停息，而是被引向无限。

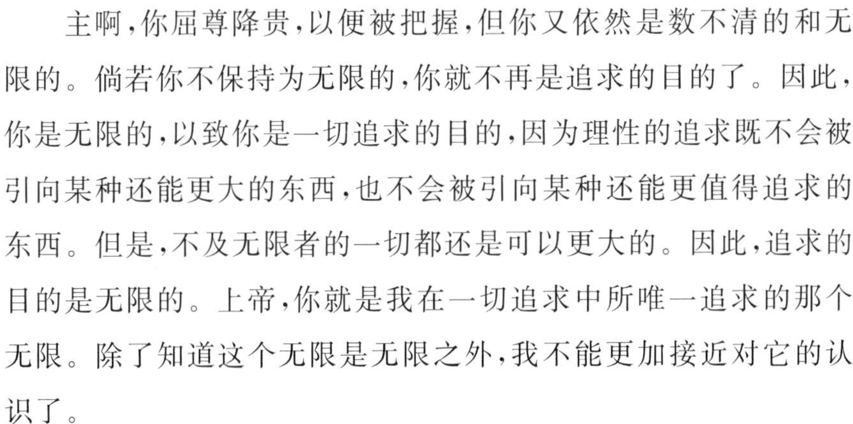

主啊，你屈尊降贵，以便被把握，但你又依然是数不清的和无限的。倘若你不保持为无限的，你就不再是追求的目的了。因此，你是无限的，以致你是一切追求的目的，因为理性的追求既不会被引向某种还能更大的东西，也不会被引向某种还能更值得追求的东西。但是，不及无限者的一切都还是可以更大的。因此，追求的目的是无限的。上帝，你就是我在一切追求中所唯一追求的那个无限。除了知道这个无限是无限之外，我不能更加接近对它的认识了。

我越理解到，我的上帝，你是不可理解的，我就越接近你，因为我更加接近了我所追求的目的。无论我面临什么东西努力地去显示你是可以理解的，我都对此表示怀疑，因为，它会把我引向歧途。

你在我的追求中闪闪发光，我的追求把我引向你，由于一切有限的和可理解的东西都会贬低你，我的追求不可能在这些东西中停息下来，因为它被引向你那里，而你是没有开端的开端，是没有终端的终端。我的追求被它所追求的永恒的开端引向没有终端的终端，即引向无限的终端。如果我这可怜的人知道，我的上帝，你是可以理解的，那么，我就不会对你感到满足。这是因为，我是被你引向你这不可理解者和无限者的。

主啊，我的上帝，我在某种精神的狂喜中观看你，因为，既然视觉不满足于看到的东西，听觉不满足于听到的东西，理性也就不会满足于认识到的东西。因此，理性感到满足或者当作自己目的的东西，并不是它认识到的东西，它也不可能满足于它完全不认识的东西，而是仅仅对它并不在认识中认识到的东西感到满足。因此，理性既不满足于它认识到的理性事物，也不满足于他完全不认识的理性事物，而是只能满足于这样的理性事物，它如此认识这种理性事物，以致它从来不能完全认识这种理性事物。这就像饥肠辘辘的人，他并不满足于自己能够一口吞掉的些许食品，也不会满足于自己得不到的食品，而是仅仅满足于他得到的，虽然不断地吞食但却永远也不能完全吞掉的食品，因为这样的食品是不会因为他的吞食而减少的，因为这样的食品是无限的。

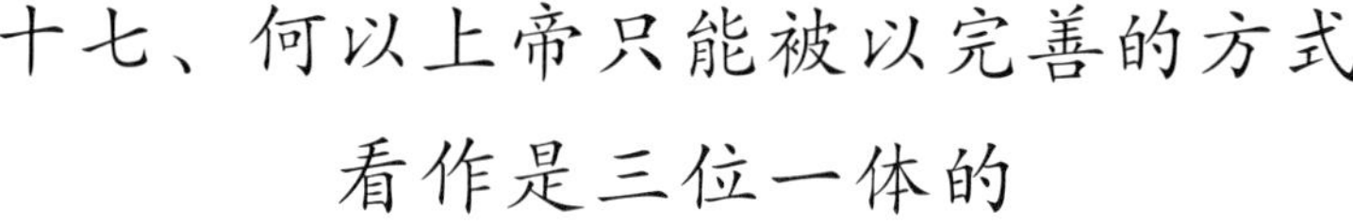

十七、何以上帝只能被以完善的方式看作是三位一体的

主啊，你向我显示出你是如此可以被爱的，以致你不可能更为

可以被爱。因为，我的上帝，你是无限地可以被爱的。因此，你从来不能像你所可以被爱那样被某个人所爱，除非你是被一个无限的热爱者所爱。如果没有一个无限的热爱者，你就不是无限地可以被爱的。而你的可以被爱，即能无限地被爱，之所以存在，乃是因为存在着一种能无限地爱。从能无限地爱和能无限地被爱产生出爱的无限结合，即那种无限的爱人的爱与无限的可以被爱的爱的无限结合。

但是，无限者不可能有很多个。我的上帝，你就是爱，你既是那爱人的爱，又是那可以被爱的爱，也是那爱人的爱与可以被爱的爱的结合。我的上帝，我之所以在你里面看到那爱人的爱，乃是因为，我在你里面既看到爱人的爱，也看到可以被爱的爱，还看到这两种爱的结合。这与我在你的绝对的统一中所看到的东西没有什么不同。在你绝对的统一中，我既看到那统一一切的统一，也看到可以被统一的统一，也看到这两种统一的统一。然而，无论我在你里面看到什么，都是我的上帝你自己。因此，你就是那种无限的爱，它离开爱人的爱、可以被爱的爱以及这两种爱的结合就不能被我看作是自然的和完善的爱。我怎么能离开爱人的爱、可以被爱的爱以及这两种爱的统一来设想那最完善、最自然的爱呢？因为，我在限定的爱中体验到，就完善的爱的本质而言，关键就在于爱既是爱人的爱，又是可以被爱的爱，又是这两种爱的结合。但是，凡是属于完善的限定的爱之本质者，也不能缺少绝对的爱，因为，限定的爱是从绝对的爱那里获得其完善的一切的。

然而，爱越是单纯，就越是完善。我的上帝，你是最完善、最单纯的爱。因此，你也就是爱的最完善、最单纯和最自然的本质。在

你这种爱里面，并不能说这是爱人的爱，那是可以被爱的爱，那是这两种爱的结合。它们都是同一种爱，都是我的上帝你自己。由于在你里面，可以被爱的爱与爱人的爱是归于一致的，被爱与爱是归于一致的，所以，这种一致的结合也就是本质上的结合。

在你里面，没有任何东西不是你的本质。因此，那让我觉得是三种爱的，即爱人的爱、可以被爱的爱以及这两种爱的结合，就都是最单纯的绝对本质自身。所以，它们不是三种爱，而是一种爱。因此，我的上帝，你那让我觉得最单纯、最统一的本质，并不是脱离了三个别名的最自然、最完善的本质。你的本质是三重的。尽管如此，并不是说在本质中包含着三种东西，因为，你的本质是最单纯的。所以，三个别名的众多性是如此众多，以致它就是统一；而统一也是如此统一，以致它就是众多。三者的众多性是没有复数的众多性。复数不能是单纯的统一，因为它是复数。所以，三者之间没有数字上的划分，因为，数字上的划分涉及本质，一个数字与另一个数字是有本质上的区别的。那个统一是三重的，它不是几个个别数字的统一，因为几个个别数字的统一并不是三重的。啊，最令人惊异的上帝，你既不具有单数，也不具有复数，而是超越了所有的复多性和单一性，是一体三位、三位一体的。我的上帝，在你所处天堂的围墙之内，我看到复多性与单一性归于一致，而你居住得又是离此多么遥远啊。

主啊，请你教导我，我怎样才能把被我看作必然的东西也设想为可能。我觉得不可能性就是：没有三者的众多性，我就不能把你设想为最完善和最自然的爱，但三者的众多性又是没有数字的众多性。这就好像有人在说："一，一，一"。他说了三次一，却不是说的三个东西，而是说的同一个东西，是说了三次同一个一。但是，尽管他并没有说三种东西，他却不能离开三个一而三次说"一"。因为当他说三次一时，他是在重复同一个一。不过，他并不是在计数，因为计数就意味着改变那个一，但三次重复同一个一却是不用数字的增多。

我的上帝，我在你里面看到的那种众多性是没有歧异的歧异，因为，这种歧异也就是同一。当我看到爱人的爱既不是可以被爱的爱，也不是爱人的爱与可以被爱的爱之结合时，我并不是这样看待爱人的爱不是可以被爱的爱的，好像爱人的爱是一种爱，可以被爱的爱又是另一种爱似的。毋宁说，我看到爱人的爱与可以被爱的爱的差别就处在统一与歧异的那种一致的围墙之内。在这堵围墙里面，有区别的东西和无区别的东西都归于一致。因此，在它之内的那种区别乃是产生自能够被认识到的那种歧异和差别；这堵围墙排除了任何理性认识的可能性。虽然理性可以向前望进天堂；但是，它既不能说出也不能领悟自己看到的东西。这就是上帝的那种玄奥的爱和隐秘的宝藏，人们即使发现了这一宝藏，它也依然是隐秘的，因为，它是在隐秘的东西和显露的东西的那种一致的围墙这边被发现的。

但是，我不能摆脱这种观看的诱惑。我想要在此之后能够以某种方式让我自己来揭示爱人的爱、可以被爱的爱以及这两种爱的结合之间的区别。对它最惬意的品尝似乎是可以在影像中预先体验的。主啊，你如此慷慨大度地赋予，以致我之所以在你里面看到爱，乃是因为我看到我自己就是一个爱人的人。由于我看到我爱我自己，所以我也看到我自己是可以被爱的，我还看到我自己就是这两种爱的最自然的结合。我既是爱人的人，又是可以被爱的人，又是这二者的结合。离开了爱，这三者中的任何一个都不能够存在，而爱却只有一个。我是同一个我，这同一个我既是爱人的我，又是可以被爱的我，又是从我爱我自己的那种爱中产生的爱之结合。我是同一个我，而不是三个我。因此，如果就像在我的上帝你那里一样，我的爱就是我的本质，那么，在我本质的统一中就包含着这三个别名的统一，在这三个别名的三重性中也包含着本质的统一。在我的本质中，以限定的方式包含着我在你那里看到真实地、绝对地存在着所有的东西。

不过，爱人的爱既不是可以被爱的爱，也不是爱的结合，这一点是我在实践中体验到的。由于我把自己爱人的爱延伸到在我之外的另一个事物，就好像是延伸到在我的本质之外的一个可以被爱的事物，紧随其后产生的就是，一旦这种爱人的爱从我里面产生出来，就造成了把我束缚在那个事物之上的爱的结合。但这个对象却并不由于这种结合而与我连在一起，因为它并不爱我。尽管我爱它，以致我的爱人的爱延伸到它那里，但我的爱人之爱并没有带来我可以被爱的爱，我对它来说并不是可以被爱的。尽管我如此爱它，但它却对我毫不关心，就像儿子有时对极温柔地爱着他的母亲毫不关心一样。我以这样的方式体验到，爱人的爱既不是可以被爱的爱，也不是爱的结合。相反，我却看到，爱人的爱与可以被爱的爱以及爱的结合还是有区别的，但这种区别并不是产生自爱的本质；若没有爱，我既不能够爱我自己，也不能够爱与我不同的另一事物。因此，爱在本质上是同时属于这三者的。但是，尽管这三个别名彼此互不相同，我还是看到了它们的最单纯的本质。

主啊，现在我以这种类比表述了对你本性的某种预先品尝。但是，仁慈的你啊，请你爱护我，让我尽力地描绘对你那甘饴的不可描绘的品尝吧。如果某种不知名的果实的甘美用任何图画和形象都不能描绘，用任何词语都不能表述，那么，我尽力展示不可展示的你，尽力把不可见的你描绘为可见的，冒昧地把你那无限的、不可表述的甘饴说成是味美可口的，我这个可怜的罪人又是什么样的人呢？倘若我至今还不配品尝这种甘饴，那么，我宁可通过我所表述的东西来贬低它也不愿不赞颂它。但是，我的上帝，你的善是如此之博大，以致你甚至能够让盲人去谈论光，让他们去赞美那除非你向他们启示，否则他们既不认识也不可能认识的东西。

当然，启示还赶不上品尝，信仰的耳朵也达不到可以预先品尝的甘饴。不过，上帝啊，你之所以向我启示这些东西，乃是因为耳朵听不到它们，你为爱你的人们所预备的甘饴的无限性也不能进入人的心灵。你的伟大使徒保罗向我们宣布了这一点。他在狂喜中超越那种一致的围墙进入了天堂，只有在那里才可以毫无遮掩地观看你，观看你这一切愉悦的源泉。我相信你那无限的善，并力图使自己获得那种狂喜，以便能够观看不可见的你，揭示那不可揭示的形象。但是我走到了哪里，只有你知道，我自己却不知道。你的恩惠使我满足，通过它，你使我确信你是不可理解的，并且鼓励我坚定地期望在你的引导下能够达到享有你的那个境界。

十八、何以如果上帝不是三重的，幸福就不存在

主啊，但愿所有精神的眼睛都睁开，它们都是借助你的赐予才实现自身的。它们与我一起想看一看，你怎么可能是一个嫉妒的上帝。因为，你作为爱人的爱不可能憎恶任何东西。可以被爱的上帝啊，在你里面包容着可以被爱的一切，你爱一切可以被爱的事物。大家和我都想知道，你是被什么样的纽带或者联系与所有的事物连在一起的。

仁爱的上帝，你如此爱一切事物，以致你也爱每一个别的事物。你把自己的爱延伸到所有的人，但许多偏爱你之外某个事物而胜于爱你的人却并不爱你。倘若可以被爱的爱与爱人的爱没有区别，那么，你对所有的人而言就会如此可以被爱，以致他们在你之外不会爱任何东西，所有理性的精神都不得不爱你。但是，我的上帝，你是如此慷慨大度，以致你想把爱你与否这个问题交给理性的灵魂自由地决定。这样，从你的爱就不能得出你的被爱。我的上帝，你由于那爱的结合而与所有的人连在一起，因为你把自己的爱延伸到你的所有造物。但是，并非所有理性的精神都与你连在一起，因为，他们并不是把自己的爱投注于你的可以被爱，而是投注于和他们连在一起的其他东西。你出自自己爱人的爱把每一个理性的灵魂都当作你的未婚妻，但并非每一个未婚妻都爱你这位未婚夫，而是常常爱上另一个她所依附的未婚夫。但是，我的上帝，如果你不是如此可以被爱，以致你的未婚妻，即人的灵魂通过

爱你这个可以被爱的上帝，就能够达到与你的结合和最幸福的统一，那么，它怎么能够达到你的目的呢？

因此，如果一个人看到，倘若你不是三重的和唯一的，你就既不是慷慨大度的，也不是合乎本性的和完善的上帝，精神就既不具有自由意志，也不能使自己达到享有你的境界和自己的幸福，那么，他怎么还可能否认你是三重的呢？由于你既是领悟一切的理性，又是可以领悟的理性，又是这两种理性的结合，所以，被创造的理性才可以在你里面、在它可以领悟的上帝里面达到与你统一和自己的幸福。同样，由于你是可以被爱的爱，被创造的爱的意志才能够在你里面、在它可以被爱的上帝里面达到与你统一和自己的幸福。谁接受了你，上帝，你这可以接受的理性的光，他就达到了一种与你如此密切的结合，以致他与你就像儿子与父亲一样连在一起了。

主啊，由于你的光照，我看到，只有在你可以被爱和可以领悟的情况下，理性本性才能够达到与你的结合。因此，人的本性并不能与作为爱人的上帝的你结合在一起的，因为，作为爱人的上帝的你并不是它的对象，而是只能与作为可以被爱的上帝的你结合在一起，因为，只有可以被爱的你才是爱你的人的对象。同样，可领悟的东西是理性的对象，我们称理性的对象为真理。我的上帝，由于你就是可以领悟的真理，所以，被创造的理性能够与你结合在一起。

这样我就看到，人的理性本性能够极密切地与你的可以领悟的、可以被爱的神圣本性结合在一起。接受了你这可以接受的上帝的人，也就过渡到了那种由于与你的密切联系而能够分摊父子关系名义的那种结合。我们还不知道有比这种父子关系的结合更密切的联系。既然这种统一的结合是最密切的，不可能有比它更为密切的结合存在，那么，就必然会产生这种情况，即你这可以被爱的上帝不可能被一个人更多地爱了。这样，那种结合就成为最完善的父子关系，以致这种父子关系就是包容了一切可能的父子关系的那种完善，通过它，所有的儿子都获得了最高的幸福和完善。这种父子关系在那个最崇高的儿子身上，就像艺术在导师身上，光在太阳之中一样；而在其他儿子们身上，则像艺术在学生们身上，光在群星之中一样。

十九、何以耶稣既是与上帝的统一又是人

上帝啊，你是我灵魂的生命和光，我对你有说不出的感谢，因为，我如今发现了公教会借助使徒们的启示所坚持的信仰，即你作为爱人的上帝是怎样从你自身里面产生出那可以被爱的上帝的，而你作为产生出来的可以被爱的上帝又何以是绝对的中保。

存在着的和能够存在的一切事物都是通过你而存在的，因为，你作为有意愿的和爱人的上帝，把一切事物都包容在作为可以被爱的上帝的你里面。上帝啊，你所期望和设想的一切事物都包容在作为可以被爱的上帝的你里面。任何事物，倘若不是你期望它存在，它就不能够存在。一切事物都是在你的设想中获得其存在的原因和根据的。对于所有的事物而言，除了你喜欢它们之外，不存在其他的原因。而爱人者作为爱人者所喜欢的也只不过是可以被爱的东西。因此，你作为可以被爱的上帝是那爱人的父亲的儿子，在你里面包含着父亲的全部心满意足。一切可被创造的存在都包容在作为可以被爱的上帝的你里面。由于可以被爱的上帝，就像儿子源自父亲一样源自作为爱人的上帝的你，所以，就你是你那可以被爱的圣子的爱人（父亲）而言，你是存在着的一切事物的父亲，因为你那设想就是你的儿子，就是在你的儿子里面所包含的一切事物。与你和你的设想统一就是活动，就是包含着一切事物的活动和展开那种生成的劳作。就像从作为爱人的上帝的你里面产生出可以被爱的上帝，这种产生也就是设想一样，从作为爱人的上帝的你，和你那可以被爱的、从你产生的设想中也产生出你和你的设想的活动。这就是进行联结的那种结合，是把你和你的设想统一起来的上帝，就像爱把爱人者与可以被爱者在爱中统一起来一样。这种结合被称作灵，灵仿佛就是从运动者和可以被运动者中所产生的运动，从而运动也就是运动者的设想的展开。因此，一切设想都在你这作为圣灵的上帝中被展开，如同它们被包容在作为圣子的你里面一样。

上帝啊，由于你如此地予我以光照，我看到，何以一切事物在你这圣子的圣父之中就像在根据、设想、原因和原本之中一样，何以圣子由于是一切事物的根据而是一切事物的中保。因为，你作为圣父是借助根据和智慧创造出一切的。灵或者运动把根据的设想付诸实施，如同我知道在艺术家精神的匣子被手所具有的运动能力借助去付诸实施一样。

我的上帝，我进一步看到，你的儿子是一切事物的统一中介，以致在你里面的所有事物都只有借助你的儿子才得安宁。我看到，永受赞颂的耶稣作为人的儿子与你的儿子紧紧地结合在一起。

只有借助你的儿子作为绝对的中保，人的儿子才能与作为圣父的你结合在一起。谁在更全神贯注地思考这一问题时不为它完全吸引住呢？我的上帝，你向我这可怜的人启示了这一奥秘，使我认识到，人们只有在你的儿子身上，在那可领悟的中保身上才可以领悟作为父亲的你；领悟你也就是与你结合在一起。因此，只有通过你的儿子，即通过那统一的中介，人才能与你结合在一起。而与你结合得最紧密的人的本性，无论在什么人身上，都不可能越过这个中介，比它与你结合得更为紧密。因为离开了中介，它就不能与你结合在一起。它是借助这个最亲密的中介与你结合在一起的，但它自身并不是中介。尽管它自身不是中介；因为没有中介，它就不能够与你结合在一起，但它借助绝对的中介却能够如此与你结合在一起，以致在它自己和你的儿子之间，即和绝对的中介之间，任何东西都不能再起中介作用。如果有某种东西能够在人的本性和绝对的中介之间起中介作用，那么，人的本性就不能够与你最紧密地结合在一起了。

啊，善良的耶稣，我看到，人的本性在你身上通过它与圣子，即与绝对的中保相结合的那种最高的统一而与圣父紧密地结合在一起。由于耶稣你是人的儿子，所以，人的父子关系在你身上与上帝的父子关系紧密地结合在一起了，以致你理应既被称作上帝之子又被称作人子，因为，在你身上没有任何东西在人子和上帝之子之间起中介作用。在绝对的父子关系中，即在上帝的儿子身上，包容着每一种父子关系。耶稣啊，你那人的父子关系也与你最紧密地结合在一起。因此，你那人的父子关系不仅以包容的方式存在于神的父子关系之中，而且还像被吸引者存在于吸引者之中、被统一者存在于统一者之中、被实体化者存在于实体化者之中一样存在于神的父子关系之中。因此，在耶稣你的身上把人子与上帝之子分离开是不可能的，因为，可分离性的起源，在于这种结合还可以更加紧密。在结合不可能更加紧密的地方，没有任何东西能够起中介作用；在没有任何东西能够起中介作用的地方，分离也就无用武之地。在被统一者并非存在于统一者之中的地方，结合就不可能是最紧密的。被统一者存在于统一者之中的那种统一，就要比被统一者单独地存在的那种统一更为紧密。分离也就是离开最紧密的统一。于是我看到，在我的耶稣你那里，你在其中是人子的那种人的父子关系，是怎样存在于你在其中是上帝的儿子之那种上帝的父子关系之中的，就像在最高的统一之中被统一者存在于统一者之中一样。上帝啊，赞颂永远属于你。

二十、何以耶稣被理解为神的本性与人的本性之结合

你这永不减弱的光，你向我指出，人的本性在我的耶稣身上与你那神的本性相结合的那种最高的统一，并不以某种方式与无限的统一类同，因为，你作为圣父与你的圣子相结合的那种统一乃是圣灵。这是一种无限的统一，它达到了绝对的和本质上的同一。而人的本性与神的本性之结合并不是这样，人的本性并不能过渡到与上帝的本性在本质上的统一，就像有限的事物不能与无限的事物无限地统一一样。如果从有限的事物现实地产生出无限的事物，那么，它就过渡到了与无限的事物的同一，从而也就不再是有

限的事物了。

正因为如此，人的本性与上帝的本性相结合的那种统一，只不过是在最高的程度上把人的本性引向上帝的本性，以致人的本性作为人的本性不可能再被在更高的程度上被吸引罢了。人的本性作为人的本性与上帝的本性的这种统一是最高的统一，因为，这种统一不可能再有更高的了，但它并不是绝对最高的统一，它并不像神的统一那样是无限的统一。因此，借助你那慷慨的恩典，我在耶稣你这个人的儿子身上看到了上帝之子，在你这个上帝的儿子身上我看到了父亲。但是，我之所以在你这个人的儿子身上看到了上帝之子，乃是因为你如此是人的儿子，以致你就是上帝的儿子。在被吸引的有限本性中我看到了起吸引作用的无限本性，在绝对的儿子身上我看到了绝对的父亲，因为如果不能看到父亲，儿子也就不能被看作儿子。我在耶稣你身上看到了上帝的父子关系，它就是一切父子关系的真理，同样也是最高程度的人的父子关系，是绝对的父子关系的最逼真之摹本。因此，就像在这一摹本和它的原本之间不可能有更完善的摹本起中介作用，从而这一摹本最逼真地存在于真理之中，是真理的摹本一样，我看到你的人之本性就存在于上帝的本性之中。在你的人的本性中，我看到了我在神的本性中所看到的一切。但是我看到，那些在神的本性中就是神的真理自身的东西，在人的本性中却是以人的方式存在的。我在你耶稣身上看到以人的方式存在的东西，是上帝的本性的类似者；但这种类似者却不需要中介就与原本结合在一起，以致在人的本性或者理解的本性中，既不能存在也不可思议有更类似上帝本性的东西让我看到，人的理解精神与圣灵，即与绝对的理智最紧密地结

合在一起,同样,人的理性以及在耶稣你的理性中的一切都与上帝的理性最紧密地结合在一起。

耶稣啊,你像上帝那样领悟一切事物,而这种领悟也就意味着是一切事物。你像人一样领悟一切事物,而这种领悟也就意味着是一切事物的类似者,因为若不在类似者中,人就不能领悟事物。石头在人的理性中并非像它在自己本来的原因和根据中那样,而是像在其观念和类似物中那样。因此,在耶稣你身上,人的领悟如此与上帝的领悟相结合,就像最完善的摹本与原本的真理相结合一样。一如我在艺术家的精神中考察匣子在理念中的形式,并由大师按照理念制作出来的最完善匣子的造像,考察理念中的形式何以是造像的真理,并且在那个大师的心中就像真理与其摹本相结合那样与造像相结合一样,在耶稣你这位所有大师的导师身上,我也看到一切事物的绝对理念和摹仿它的造像最紧密地结合在一起。

善良的耶稣啊,我在天堂的围墙之内观看你,因为,你的理性既是真理又是摹本,你既是上帝又是造物者,既是无限的又是有限的。在围墙的这一边观看你是不可能的,因为,你是上帝的创造自性与人的被创造自性的结合。

然而我看到,你那人的理性与其他任何一个人的人的理性之区别就在于,没有一个人知道人所能够知道的一切,没有一个人的理性能够像真理的类似者那样与一切事物的原本如此结合在一起,以致不可能更为紧密地结合,不可能被更进一步地实现了。它不能领悟得如此多,以致它不能通过接近一切事物的原本,通过接近现实地存在着的事物,从中取得其全部现实性的那原本而领悟更多的东西。但是,你的理性却现实地领悟了一切人所能够领悟的事物,因为,最完善的人的理性在你里面与它的原本最紧密地结合在一起,由于这种结合,你那人的理性在领悟的完善性方面超过了一切被创造的理性。一切理解的精神都远远及不上你。耶稣啊,你是所有这些理解的精神导师和光,你是一切理解的精神之完善和完成。它们通过你就像通过中保一样得以接近那绝对的真理,因为,你既是通向真理的道路又是真理自身,你既是通向理性生命的道路又是那生命自身,你既是那欢宴的香味又是那令人愉悦的品位自身。最令人挚爱的耶稣啊,赞颂将永远属于你。

二十一、何以没有耶稣,幸福就不可能

耶稣啊,你这宇宙的目的,在你身上,一切造物都像在其最高的完善之中一样的安宁。你对这个世界的一切智者而言都是完全未知的,因为,当我们在你身上把那些相互矛盾的东西肯定为最真实的东西,说你既是创造者同时又是被造物,既是吸引者同时又是被吸引者,既是有限者同时又是无限者时,他们却断定,相信这种说法是可能的就意味着愚蠢。所以,他们逃避你的名字,不接受你用来照耀我们的光。不过,尽管他们自认为是智者,但实际上他们却永远是愚蠢的、无知的、盲目的。如果他们相信你就是基督,相信你既是上帝又是人,把福音的语句当作一位导师的语句来接受和对待,他们最终就会极清晰地认识到,与隐藏在你的语句的单纯性中的那种光相比,一切事物都完全是极浓重的幽暗和无知。

因此,唯有诚朴的小人物才能达到这种极为恩宠的、予人以生机的启示。你最神圣的福音是天国的食粮，在心里面，就像在一颗谷粒中一样，包孕着唯有信仰者和咀嚼者才能品尝到的追求的甘美。如果谁相信并且接受，他就会确确实实地体验到，你是从天国降临的，而且唯有你才是真理的导师。

啊，善良的耶稣，你是天堂乐园的生命树，除了借助你的果实之外，没有人能够被所追求的生命所滋养。耶稣啊，你是从天国被逐到地上的亚当的所有后代都不得染指的食粮，他们必须在地上劳作、寻觅、生存。因此，每一个人，只要他想在天堂乐园中品尝那生命的食粮，就必须抛弃固执己见的旧人，学会做按照你塑造的谦恭的新人。新人的本性和旧人的本性是同一个本性，但它在旧的亚当身上是本能的，在新的亚当你身上却是精神的，因为，它在耶稣你身上是与上帝，也就是与精神结合在一起的。

因此，每一个人都必须像通过自己和你共有的本性那样，在同一个精神中与耶稣你结合在一起，以便他能够在与你共有的本性中接近在天堂中的圣父。观看圣父和他的儿子耶稣你，就意味着存在于天堂和永恒的荣耀之中。处在天堂之外的人不可能有这样的观看，因为，在天堂之外既不可能发现圣父，也不可能发现耶稣你。每一个与耶稣你就像肢体与头那样结合在一起的人都得到了幸福。除了被父亲吸引之外，没有人能够达到父亲那里。耶稣啊，父亲通过他的儿子吸引着你的人性，并且通过耶稣你吸引着所有的人。因此，耶稣啊，就像你的人性是与圣父的儿子结合在一起的，圣父把自己的儿子作为中介来吸引你的人性一样，每一个人的人性也都与耶稣你结合在一起，父亲把你作为中介来吸引所有的人。

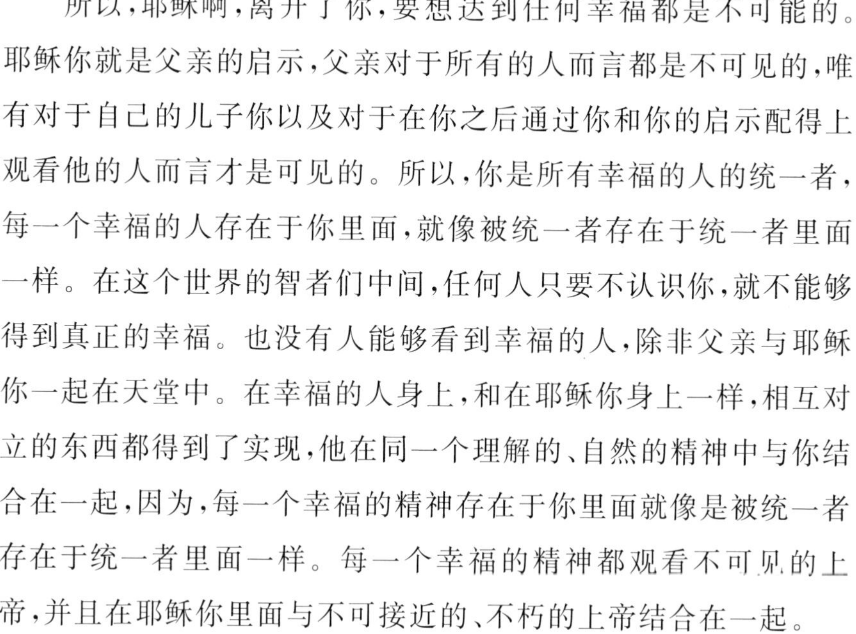

所以，耶稣啊，离开了你，要想达到任何幸福都是不可能的。耶稣你就是父亲的启示，父亲对于所有的人而言都是不可见的，唯有对于自己的儿子你以及对于在你之后通过你和你的启示配得上观看他的人而言才是可见的。所以，你是所有幸福的人的统一者，每一个幸福的人存在于你里面，就像被统一者存在于统一者里面一样。在这个世界的智者们中间，任何人只要不认识你，就不能够得到真正的幸福。也没有人能够看到幸福的人，除非父亲与耶稣你一起在天堂中。在幸福的人身上，和在耶稣你身上一样，相互对立的东西都得到了实现，他在同一个理解的、自然的精神中与你结合在一起，因为，每一个幸福的精神存在于你里面就像是被统一者存在于统一者里面一样。每一个幸福的精神都观看不可见的上帝，并且在耶稣你里面与不可接近的、不朽的上帝结合在一起。

这样，在你里面，有限者就与无限者和不可见者结合在一起，不可理解者被以永恒的享受来把握，这种享受也就是最令人愉悦的、永不减弱的幸福。救助我吧，耶稣，救助我吧，让我能够毫无遮掩地观看你，我的灵魂也就得到了拯救。

二十二、耶稣是如何观看和创作的

耶稣啊，精神的眼睛不可能因为你是一切精神的美之完成就对观看你感到满足。在这幅肖像中，我冒昧地对超越了一切赞颂的耶稣你那奇妙的、令人惊异的视觉作出猜测。

耶稣啊，当你在这个感性世界中行走时，你使用的是与我们相同的肉体眼睛。用这样的眼睛，你在观看人时与我们没有什么区别，都是一个接着一个地观看。也就是说，在你的眼睛中活跃着一种精神，它是器官的形式，仿佛是动物躯体中的感性灵魂一样。在这种精神中包含着一种高级的分辨力量，借助它，主啊，你清晰地看到这种东西是这种颜色，那种东西是那样颜色。此外，你还根据自己所看到的人之面容和眼睛的形态，对灵魂的状态作出正确的判断：是愤怒，还是愉悦，或是忧伤。你还根据少数迹象更为精细地把握那隐藏在人的精神之中的东西，凡是在精神中被认识到的，无不以某种方式在面容上，尤其是在眼睛这个心灵的信徒中表露出来。在所有这些迹象中，你要比任何一个被创造的精神都更为准确得多地触及到灵魂的深处。从一个哪怕是极其微小的迹象中，你就看到了人的全部所思，就像那善解人意的人从为数不多的几个词中，预见到某人事先已设想好准备说出的长篇大论。受过良好教育的人对某本书稍加一瞥，就仿佛读过整本书一般能覆述出作者的思想过程一样。耶稣啊，你在这样一种观看上，超越了过去、现在、将来的所有人的任何一种完善、灵敏和锐利。固然它依然是人的观看，没有它，肉体的眼睛就不可能完善，但尽管如此，它毕竟还是令人惊异的、奇妙的。

既然有时可以发现这样的人，他们经过长时间的仔细审视，根据新形成的特征和从未见过的笔迹看出作者的性格；那么，耶稣啊，你则是根据每一种迹象和形象都能看出一切的。既然有时可以发现这样的人，他们可以根据某些眼神看出向自己提问的人的思想，哪怕这人只是在心中默唱某个旋律，那么，耶稣啊，你却是比所有的人都能更准确地根据任何眼神把握住任何思想。我曾见过一位耳聋的妇人，她根据自己所看到她女儿双唇的翕动就能够理解所有的一切，就仿佛是她听到了一般。既然这种事情由于长期的习惯而对聋人、哑人以及那些借助手势相互交谈的修会成员来说是可能的；那么，耶稣啊，在事实上就像一切大师的导师那样知晓一切可知的东西的你，则是根据最微小的、对我们来说不可见的动作和迹象来对心灵及其所思作出正确的判断。

然而，你这种属人的、最完善的、尽管有限的，即被限定在器官之上的观看，却是与绝对的、无限的观看结合在一起。借助后一种观看，你和上帝一样既观看一切事物，同时也观看每一个别事物，观看不在眼前的事物就像观看眼前的事物一样，观看过去的事物就像观看未来的事物一样。耶稣啊，你用人的眼睛观看可见的偶性，却用神绝对的眼睛观看事物的实体。无论在什么时候，除了耶稣你之外，没有任何存在于肉身之中的人能够观看事物的实体和属何性。唯有你才最真实地观看到人的灵魂、精神和其他任何东西。就像在人身上理性力量与动物的观看能力结合在一起，以致人不仅是作为动物在观看，而且也是作为人在分辨和判断一样，在耶稣你身上，绝对的视觉与在动物的视觉中起分辨作用的人的理性能力结合在一起；在人身上，动物的观看能力不是存在于自身之中，而是存在于知性灵魂之中，一如存在整体的形式之中，同样，在耶稣你身上，理性的观看能力也不是存在于自身之中，而是存在于绝对的观看能力之中。

最可尊敬的耶稣啊，你的视觉是多么奇妙啊。我们不止一次有过这样的经验：我们在眼睛中发现一个人从身边走过，但由于我们没有着意去分辨他是谁，若是有人问起我们，尽管我们知道某人从身边走过，我们也不知道这个从身边走过的熟人的名字。此时，我们是以动物的方式，而不是以人的方式来观看他的，因为，我们并没有运用分辨的力量。由此，我们发现了这些力量的本性，它们虽然是结合在一起存在于人的同一个形式之中，却依然是相互不同地起着相互不同的作用。同样，在同一个耶稣你身上，我以某种相似的方式看到人的理性本性与神的本性结合在一起。你既作为人创作出最高的东西，同时又作为上帝超越于人之上创作出许多奇迹。

最仁慈的耶稣啊，我看到，理性自性相对于感性自性来说是绝对的，决不像感性本性那样是有限的，被束缚在器官之上的，例如感性的观看能力就被束缚在眼睛之上。然而，神的力量比理性的力量要更为绝对，二者之间甚至没有任何可比关系。人的理性为了得到实现必须拥有表象，而离开了感官就不可能有表象，感官离开了肉体也就不可能存在。因此，人的理性力量是限定的、微小的、需要上述之东西的。而神的理性就是必然性自身，它既不依赖某种东西，也不需要某种东西，相反，所有的事物都需要它，若是没有它，所有的事物都不可能存在。

我还想更为详细地考察一番，何以一种力量作为辨识的力量在推理中进行辨识和寻觅，而另一种力量则进行判断和领悟。有时我们会看到一只狗在辨识和寻觅它自己的主人，它分辨出自己的主人，并听从他的呼唤。在动物的本性中，这种辨识能力属于狗的一种特殊级次的完善。不过还有一些动物，它们由于自己的种类更为完善而拥有更为清晰的辨识能力。在人身上，这种辨识能力极其接近理性能力，以致它是感性力量的完善化之极致。但是，根据一些动物种类向我们所展示，它还低于理性能力许多个乃至无数个完善化的级次。因为，没有一个种类不获得一个它所特有的完善级次，而每一个级次都有自己的范围，在其中我们看到一个种类的所有个体都以不同的方式分有这个种类。理性的自性同样低于神的力量无数个级次。就像在理性自性中包容着感性的完善化的所有级次一样，在上帝的自性中也包容着理性完善化的所有级次，从而也就包含着感性的和一切事物完善化的所有级次。

这样，我的耶稣，我在你的身上看到了每一种完善化。由于你是人，我在你身上看到，理性与作为感性力量完善化之极致之知性或辨识能力结合在一起。于是，我看到，理性在知性中就仿佛在它自己的居处，以致它被安置在这居处，宛如蜡烛被置放在房间中，根据距离的远近程度照耀着房间和四壁，乃至整座房子一样。此外我还看到，就理性的卓越性而言，神的道与理性结合在一起，宛如太阳光与前述的烛光结合在一起一样。理性就是道被接纳的居处，就像我们在自己身上体验到理性是导师的话被接纳的居处一样。上帝的道照耀着理性，就像太阳光照耀着这个世界一样。因此，我的耶稣，在你身上，我既看到被理性的光照耀着的感性生命，也看到既是照耀的光又是被照耀的光的理性生命，也看到仅仅是照耀的光的神的生命。因为我在那种理性的光中看到了光的泉源，即上帝的道，它是照耀着一切理性的真理。因此，唯有你是所有的造物中最高的造物，因为你是如此造物，以致你也就是受赞颂的造物主。

二十三、何以死去的耶稣依然与生命结合在一起

啊，耶稣，你这精神的最甘美的食粮，每当我在天堂的围墙内观看你时，你都使我感到惊异。你是上帝的化身为人的道，你是上帝成为的人。但尽管如此，你并不是仿佛由上帝和人复合而成的。在复合的各成分之间必然存在着比例，没有比例就不可能有复合，但有限的事物与无限的事物之间却没有任何比例。你也不是以一致把一个东西改变为另一个东西的方式作为造物与造物主的一致的，因为，人的本性并不是上帝的自性，上帝的自性也不是人的自性。上帝的自性是不可改变的，它不能被改变为另一种本性，它就是永恒自身。任何本性都不能借助与神的本性的结合而转化为另一种本性，就像当摹本与其真理结合在一起时那样。不能说摹本因此而被改变，而毋宁说是它摆脱了变异，因为，它与自己本来的真理结合在一起了，而真理正是不可变异性自身。

最可尊敬的耶稣啊，也不能说你是上帝的自性和人的自性之间的中间自性，因为，在这两种自性之间，不能安置某种中间自性来同时分有它们。上帝的自性是不可分有的，因为它完全绝对地是最单纯的自性。最后，受赞颂的耶稣啊，你也并非部分地是上帝，部分地是人；毋宁说，我主耶稣啊，我把你看作是超越了一切理性认识的统一实体。因为，你是统一的基督，而且是以这样的方式，借助这种方式，我把你那人的灵魂也看作统一的。在这统一的灵魂中，我就像在任何一个人的灵魂中那样看到存在着可朽坏的

感性自性，它就存在于不可朽坏的理性自性之中。但是，你的那个灵魂并不是由可朽坏的自性与不可朽坏的自性复合而成的，也不是感性的自性与理性的自性归于一致。毋宁说我看到，理性的灵魂借助赋予肉体以生机的感性能力而与肉体结合在一起。

如果理性的灵魂没有与肉体分开却不再赋予肉体以生机，那么，这样一个人就是死去了的人，因为生命已经终止。但尽管如此，肉体并没有与生命相分离，因为，理性才是它的生命。这就好像是某人起初集中注意力要分辨出走过来的一个人，但在此之后却被另一个念头迷住，不再集中注意力于分辨，不过尽管如此，眼睛却依然盯着同一个目标。此时，眼睛虽然已与灵魂进行分辨的注意力相分离，但却没有与灵魂自身相分离；如果那种入迷不仅停止了进行分辨的生机，而且还停止了感性的生机，这样的眼睛就是死去了的，因为它不再被赋予生机了。虽然如此，它在这种情况下仍没有与赋予它存在的理性形式相分离，就像枯萎的手依然与统一整个肉体的形式结合在一起一样。

有这样一些人，像圣奥古斯丁提及的那样，他们能够收回赋予生机的精神，显得是死去的和无知觉的。在这种情况下，理性自性依然是与肉体结合在一起的。此时，肉体并不是服从于一个与过去不同的形式，毋宁说，它拥有的是同一个形式，依然是同一个肉体。赋予生机的力量并没有停止存在，而是保留在理性自性的统一中，尽管它事实上不再延伸到肉体了。我看到这样的人确实已死去，他缺乏赋予生机的力量，死就是缺乏赋予生机的东西。尽管如此，那个死去的肉体并没有与它的生命，即它的灵魂分离开来。

最仁慈的耶稣啊，我以这样的方式看到，绝对的生命，即上帝，与你那人的理性，并通过它与你那肉体不可分离地结合在一起，这样一种结合不可能更为紧密。因此，可分离的结合远远低于不可能更为紧密的结合。从来不会有这样的情况，上帝的自性绝不会与你那人的自性相分离，从而既不会与你的灵魂相分离，也不会与你的肉体相分离。没有它们，你那人的自性就不可能存在。尽管你的灵魂曾停止赋予肉体以生机，这是千真万确的，尽管你确曾经历过死亡，但是，你却从未与生命的真理相分离。既然圣奥古斯丁所提到的那些司祭尚且具有某种通过把生机纳入灵魂而从肉体收回生机的能力，就好像照耀房间的那蜡烛是有生命的，它把自己用来照耀房间的光线收回到自己的光的中心，但并不因此而与房间相分离，这种收回不过是停止放出罢了；那么，耶稣啊，由于你是最自由的有生命的光，如果你具有把赋予生机的灵魂置入肉体或从肉体收回的能力，并且当你收回时就经历死亡，当你再置入时就借助自己的固有能力复活，这又有什么可惊奇的？当理性的自性赋予肉体以生机或灵魂时，人们称它为人的灵魂。当人的理性停止赋予生机时，人们就说灵魂被收回了。即使理性不再履行赋予生机的职责，并且因此而把自己与肉体分离开，它也没有绝对地与肉体相分离。

耶稣啊，你使我想到这些，以便就我所能理解向我这个最微不足道的人启示你自己。在你身上我观察到，人的具有死的本性获得了不死性，以致所有具有这同一种人性的人都在你身上能够得到再生和神的生命。因此，还有什么比认识到这一点更甜蜜、更令人愉悦呢？因为在耶稣你身上，我们发现了自己自性中的一切，唯有你才能拥有这一切，并把它们极其慷慨地赐予我们而不使我们感到羞耻。啊,你这不可言说的仁爱和慈惠,你就是上帝,就是善自身,除了把自己赐予我们之外,你不可能满足你那无限的仁慈和慷慨。由于我们不能接近你的自性,所以,除了你接受我们的自性之外,上述情况不可能以更为合适的、对我们这些获得者来说更为可能的方式发生。于是你来到了我们这里,并被称作永受赞颂的救世主耶稣。

二十四、何以耶稣就是生命的道

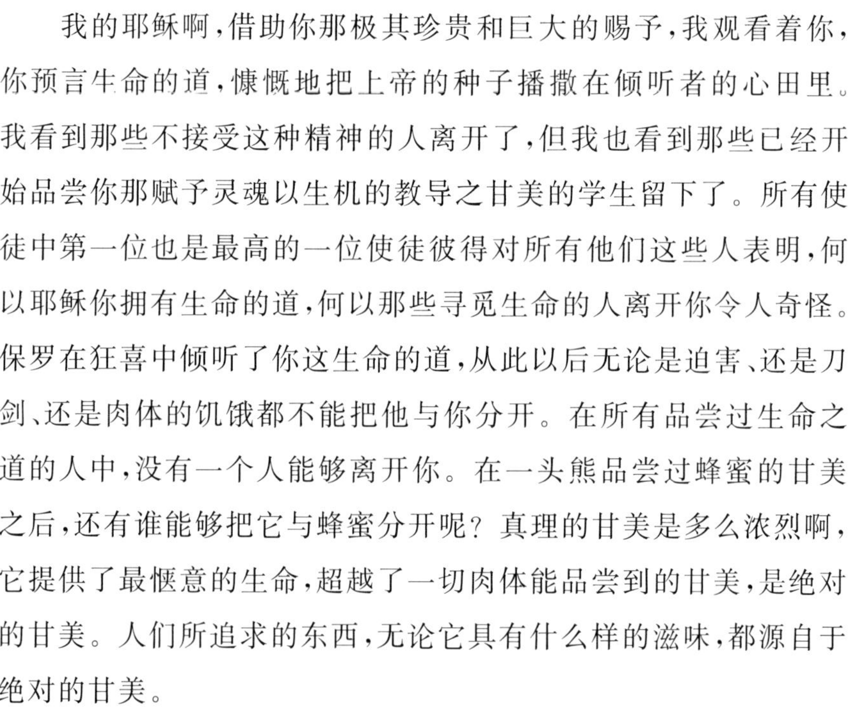

我的耶稣啊,借助你那极其珍贵和巨大的赐予,我观看着你,你预言生命的道,慷慨地把上帝的种子播撒在倾听者的心田里。我看到那些不接受这种精神的人离开了,但我也看到那些已经开始品尝你那赋予灵魂以生机的教导之甘美的学生留下了。所有使徒中第一位也是最高的一位使徒彼得对所有他们这些人表明,何以耶稣你拥有生命的道,何以那些寻觅生命的人离开你令人奇怪。保罗在狂喜中倾听了你这生命的道,从此以后无论是迫害、还是刀剑、还是肉体的饥饿都不能把他与你分开。在所有品尝过生命之道的人中,没有一个人能够离开你。在一头熊品尝过蜂蜜的甘美之后,还有谁能够把它与蜂蜜分开呢?真理的甘美是多么浓烈啊,它提供了最惬意的生命,超越了一切肉体能品尝到的甘美,是绝对的甘美。人们所追求的东西,无论它具有什么样的滋味,都源自于绝对的甘美。

还有什么比所有可爱的东西都从中得到其被爱的一切的那种爱更强大呢?既然限定的爱的结合尚且如此牢固,以致死亡的恐惧也不能破坏它，那么，人们所品尝到的、一切爱所源自的那种爱的结合又该是怎样的呢？耶稣啊，还有你另一些斗士，你把自己作为可以预先品尝的生命提供给他们，他们则把那些冷酷无情的苦难统统看得不值一提，我对此毫不奇怪。啊，耶稣，我的爱啊，你把生命的种子撒播在信仰者们的田地里，并且用鲜血的证据来浇灌它。你借助肉体的死亡表明，真理就是那理解的精神的生命。种子也就在这沃土上生根发芽，并结出果实。

主啊，请你为我解释，何以我的灵魂就是生命的气息，它把生命嘘入和注入肉体，但它对于上帝你来说并不是生命，而仿佛是生命的潜能。由于当人们以最专注的信心祈求时，你不可能不提供人们所祈求的东西，所以你使我想到，在孩童身上有一种灵魂，它现实地拥有生长的力量，因为孩童在成长；它也现实地拥有感知的力量，因为孩童在感知；它还拥有想象的力量，但并不是现实地拥有；它还拥有知性推理的力量，这种力量的实现就离得更远了；它还拥有理性思维的力量，但只是在更为遥远的潜能中才拥有。于是我得出这样的体验：这同一个灵魂就较低级的潜能而言要更早地得到实现，然后才就较高级的潜能而言得到实现，所以，生物性的人要先于精神性的人。

同样我还体验到，在大地的深处存在着某种也可以称之为精神矿物的力量。这种精神有时处于能够生成为石矿的潜能中，有时处于能够生成为盐矿的潜能中，有时处于能够生成为金属矿的潜能中。这样一些精神又根据石头、盐和金属的不同而各不相同。其中就有一种金矿的精神，它由于阳光或者天域的影响而不断地越来越纯净，最终凝结为这样的金子，它不会被任何一种元素所腐蚀，在它身上最充分地放射出天上的不朽之光，因为它与那有形的太阳光最为相像。至于成长的精神和感知的精神，我也有类似的体验，因为，人身上的感知精神非常接近天上的能够起推动作用和影响作用的能力。在天域的影响下，它逐渐地成长，直到获得完全的实现。但是，由于它是从肉体的潜能中培植出来的，所以，它一旦脱离了肉体的完善，也就失去了自己的完善。

此外还有理性的精神。它由于自己完善的现实性而不依赖于肉体，但却通过感知能力而与肉体结合在一起。这种精神由于不依赖于肉体，因而，既不处于天体的影响之下，也不依赖于感知的精神，同样也不依赖于天域的推动能力。但是，就像天域的推动者们位于第一推动者之下一样，理性这个推动者也位于第一推动者之下。不过，由于它借助感性的东西与肉体结合在一起，所以，离开了感觉它就不能得到完善。凡是到它这里来的东西，都是从感性世界中通过感觉到达它这里的。因此，凡是在理性中的东西，无不先在于感觉中。不过，感觉越纯粹、越完善，想象越清晰、分辨得越明确，理性在其认识活动中就越少受到阻碍，就越适宜于认识。尽管如此，理性是由生命的道滋养的，它与天域的推动者们一样处于生命的道的影响之下，不过又各有自己的方式。就像甚至处于天域的影响之下的各种精神，也都是以各不相同的方式得到完善一样，它也只能通过出自感知精神的偶性得以完善。形象虽然能够唤醒它去寻觅原本的真理，但却不能使它完善。例如，钉在十字架上的人的形象并不能造成虔诚心，但它能够唤起回忆，从而也就能够造成虔诚心。由于理性精神并不是被天域的影响所强迫，而是完全自由的，所以，除非它通过信仰使自己服从上帝的道的影

响，否则它就不能得到完善。这就好像是一个自由的、独立的学生，他只有通过信仰使自己服从导师的话才能够得到完善，他必须相信并且服从导师的话。不过，理性是借助上帝的道得到完善的，它成长起来，变得越来越善于领悟，越来越适合道，越来越与道相像。理性从道获得存在，通过道得以完善，这种完善不是可以败坏的那种完善，而是与神同形的完善，就像金子的完善不是可以败坏的那种完善，而是与天域相同的完善一样。

一切理性都必须通过信仰使自己服从上帝的道，最专注地倾听最高的导师那内在的教诲，并且通过倾听主在其中所说的东西而得到完善。独一无二的导师耶稣啊，你传言，信仰对于每一个想接近生命泉源的人都是必要的，并且指出，上帝的能力是根据信仰的程度来帮助人们的。救世主耶稣啊，你教导我们两种东西，即信仰和爱。理性借助信仰接近道，借助爱与道结合在一起。它越是接近道，就越是在能力上得到加强。它越是爱道，就越是深深地植根于道的光中。不过，上帝的道就在理性自身之中。理性没有必要在自身之外寻觅道，它是在内心中发现道，并且可以借助信仰来接近道。通过祈祷，它就可以越来越接近道，因为道将会通过传递自己的光来加强信仰。

我感谢你，耶稣，你借助自己的光使我达到了这种认识。在你的光中我看到了自己生命的光，也就是说，看到你作为道是如何把生命赋予所有信仰者，并使爱你的人得到完善的。善良的耶稣啊，还有什么教诲比你的教诲更为简明、更为有效呢？你只是劝说人们信仰，你只是要求人们去爱。还有什么比信仰上帝更容易吗？还有什么比爱上帝更为惬意吗？你这独一无二的命令者啊，你的轭多么舒适，你的重负又多么轻省啊。对于那些遵守你这一教诲的人，你许诺给他们所期望的一切。因为，按照你的补充，对于信仰你的人而言，没有任何困难的事情；对于爱你的人，没有任何东西是可以被拒绝的。你给予自己学生的许诺就是这样。它是最真实的，因为你就是真理，作为真理，你只能许诺真实的东西。你所许诺的也就是你自己，你是一切能够完善的事物的完善。在永恒的世代里，赞颂属于你，荣耀属于你，感恩属于你。

二十五、何以耶稣就是圆满

主啊，你给你使之完善的人的精神所注入的东西是什么呢？难道不就是你那纯善的精神吗？这种精神完全处于现实之中，是一切能力的能力，是一切完善的完善，因为正是它创制了一切事物。

就像下降到成长的精神之中的太阳力量推动成长的精神，使它完善，并通过对天上热量的最美妙、最合乎自然的炼制借助好树结出好果实来一样，上帝啊，你的精神来到善良的人的理性精神中，并借助神圣的仁爱热量来炼制道德的潜能，使它完善，并结出对他来说最美妙的果实来。主啊，我体验到，你那单纯的、就能力而言无限的精神以各种各样的方式被接受。它在一个人那里被这样接受，在那里它造就出先知的精神来；在另一个人那里被那样接受，在那里它造就出一个知识渊博的诠释者；而在另一个人那里，它又传授知识。在不同的人那里它以不同的方式被接受，因为它的赐予是各不相同的。这些也就是理性的各种完善，就像太阳的同一种热在各种各样的树上结出各种各样的果实一样。

主啊，我看到，任何精神都不能缺少你的精神，因为，你的精神是所有精神的精神，是所有运动的运动，它充盈了整个世界。不过，它是通过理性的本性来安排一切不具备理性精神的事物。理性本性推动着天域，并通过天域的运动推动附属于天域的一切事物。至于理性本性中的安排和管理，它却只是托付给理性本性自己，因为它把理性本性当作自己的未婚妻，选择在它那里歇息下来，就像在家中和在真理的领地中一样。除了在理性的本性中之外，真理在任何地方都不能通过自身被接受。

主啊，你为了你自身的缘故而做这一切，为了理性的本性而创造出这整个世界，就好像是一个画家，他调配出各种各样的颜色，只不过是为了能够画出他自己。也就是说，他想拥有自己的一幅肖像，好让他自己的艺术在其中得到满足并歇息下来。由于他作为独一无二的人是不能被复杂化的，他是以唯一可能的方式在最逼真的类似中被复杂化的。他创造出许多形象，因为只有在许多个形象中才能以尽可能完善的方式展开他那无限的能力的相似。

对于任何一种精神来说，所有的理性精神都是适宜的。如果没有无数的理性精神，无限的上帝啊，你就不能以更好的方式被认识，因为，我的上帝，任何一个理性精神在你身上看到某种东西，都是你必然也启示给其他理性精神的，它们不能以可能更好的方式接近它们的上帝你了。充满了爱的诸精神们相互揭示自己的秘密，由此产生出对被爱者的认识，产生出对他的追求，燃烧起愉悦的热望。

但这样一来，主啊，上帝，倘若没有你的儿子，即你为了他的同类而给他涂膏的耶稣，也就是基督，你也就还没有完成你的事业。在耶稣的理性中，可被创造的自性的完善歇息下来了，因为，它就是不可复杂化的上帝的最高的、最完善的类似。这样最高的类似也只能有一个，其他所有的理性精神都只有以这一理性精神为中介才是类似。它们越完善，就越是与它类似。所以它们都歇息在那个精神之中，就像是歇息在上帝的摹本的最高完善之中一样。它们都达到了与上帝的摹本的类似和完善化的某个级次。

因此，我的上帝，我通过你的赐予把这整个可见的世界、每一部著作，以及一切可资利用的精神都当作辅助工具，以便在对你的认识方面继续完善。所有的一切都激励我转向你，一切著作所尽力做的无非就是展现你，一切理性精神磨炼自己，无非为的是寻觅你，并且就它们关于你所能认识的来显示你。

你在这一切之上赐给我耶稣，即导师、道路、生命和真理，以致我不会缺少任何东西。你用你自己的圣灵使我坚强，并通过它激励我选择生活，拥有神圣的追求。你通过让我预先品尝荣耀生命的甘美促使我爱你这无限的善。你吸引我，使我超出自身预先观看那你邀请我前去的荣耀境地。你向我展示许多味道鲜美的佳肴，它们借助其浓郁的香味吸引着我。你让我观看那生命、愉悦和美的所有财富的宝库。你不仅在自然中，而且也在艺术中为我掘开了一切值得追求的事物从中流出的泉源。你不对我保守任何秘密。你不让爱、和平与宁静的血脉对我而言是隐秘的。你把一切都展现给我，展现给你从虚无中创造出来的这个最贫乏的人。我还迟疑什么呢？为什么我不扑向我基督圣膏的香味中呢？为什么我不融入我主的愉悦呢？什么还能阻止我呢？主啊，如果说，对你的无知和感性世界的欢娱曾经阻止过我，那么它们如今再也挡不住我了。主啊，由于你赐我以意志，我愿意舍弃属于这个世界的东西，因为，这个世界也愿意离开我。我匆匆地奔向目标，几乎已跑完了全程。我争先抛弃了这个世界，气喘吁吁地奔向了光环。主啊，由于只有被你拉上一把的人才能够抢先到达你那里，请拉我一把吧，把我拉到你那里，让我脱离这个世界，在荣耀生命的永恒中与绝对的上帝你结合在一起。阿门。

图书在版编目(CIP)数据

论隐秘的上帝/(德)库萨的尼古拉著;李秋零译.—北京:商务印书馆,2017

(汉译世界学术名著丛书:120年纪念版:珍藏本)

ISBN 978-7-100-14771-2

Ⅰ.①论… Ⅱ.①库… ②李… Ⅲ.①上帝—系统神学—研究 Ⅳ.①B972

中国版本图书馆CIP数据核字(2017)第159896号

汉译世界学术名著丛书
(120年纪念版·珍藏本)
论隐秘的上帝
〔德〕库萨的尼古拉 著
李秋零 译

商务印书馆出版
(北京王府井大街36号 邮政编码100710)
商务印书馆发行
北京冠中印刷厂印刷
ISBN 978-7-100-14771-2

2017年12月第1版 开本710×1000 1/16
2017年12月北京第1次印刷 印张8¾
定价:45.00元